제로스펙

일러두기

1. 한글전용을 원칙으로 했다. 고유명사의 우리말 표기는 국립국어원의 외래어표기법을 따랐다. 그러나 관행적으로 굳어진 표기는 그대로 사용했으며, 필요한 경우 한자나 원어를 병기했다.

2. 인용된 인물명 표기 가운데 외국인명 및 일부 강조해야 하는 원어일 경우 위첨자로 병기했으며 그 외에 원어 병기가 필요할 시에는 소괄호를 사용했다.

3. 단행본에는 겹꺾쇠《 》를, 영화·TV프로그램·정기간행물·논문에는 홑꺾쇠〈 〉를 사용했다.

제로스펙

ZERO SPEC

메
카로북스

NCS 인재혁명이
필요한 이유

나승일 서울대 교수(전 교육부 차관)

우리나라 교육은 6.25전쟁 이후 폐허 속에서 한강의 기적이라 불리는 놀라운 경제 발전을 이끌어낸 원동력이었습니다. 사실 이 짧은 기간 동안 우리 교육은 양적, 질적으로 엄청난 발전을 거듭해 온 것이 사실이고 이로 인해 세계를 놀라게 했습니다.

그럼에도 불구하고 우리나라가 진정한 선진국으로 발전하기 위해서는 개선해야 할 것들이 남아 있는데 그중 한 가지가 '좋은 교육을 받는 것이 성공이다'라는 생각이고 다른 하나는 '머리가 좋고 공부 잘하는 학생이 무슨 일이든 다 잘할 것'이라는 잘못된 믿음(misconception)인데 이 두 가지가 학벌 중심의 사회를 이끌어간 핵심이었습니다.

이 잘못된 믿음 때문에 청년들이 불필요하게 많은 교육을 받으며 직무와 무관한 스펙을 쌓아 취업하게 되었고 그 결과 실제 근무현장에서 느낀 이상과의 괴리감으로 불만을 갖고 퇴사하며 방황하기를 반복하고 있습니다. 결국 고용노동현장에서 사람을 선발하고 채용할 때 '정말 현장에서 필요로 하는 인력이 누구인지' 판단할 수 있는 명확한 기준이 필요하게 되었습니다. 이때 제시할 수 있는 기준이 NCS인 것입니다.

유럽연합 회원국가의 경우 국가 간 인력이동이 빈번하므로 우수한 자원을 확보하고 인력의 이동을 촉진시키는 데 그 능력을 제대로 인정해주고 대우해줄 기준을 잘 갖추고 있습니다. 물론 선진국가에는 다양한 일의 세계가 있을 뿐만 아니라 일에 적합한 사람을 선발하는 기준을 지속적으로 발전시켜왔기 때문에 우리의 현실과는 많이 다를 수밖에 없습니다.

우리나라에서는 개인의 능력을 판단할 수 있는 기준으로 유일하게 학력만이 통용되어 왔습니다. 한편 자격제도의 경우는 비교적 잘 발달되어 왔으나 해당 분야에만 국한되어 자격이 인정되어 왔고 최근 일부 자격의 현장성 저하 등의 사유로 통용성이 더욱 제한되고 있는 실정입니다. 그래서 개인이 가진 혹은 습득한 능력을 체계적이고 객관적으로 비교·확인해 인정받을 수 있는 체계를 만들기 위한 기제로 꼭 필요한 것이 NCS인 것입니다.

우리나라에서 NCS를 발굴하고 연구한 지 벌써 10여 년이 되었지만 안타깝게도 성과를 내지 못해왔습니다. 우리보다 늦게 작업에 착수했지만 이미 NCS를 완성해 일자리 중심 교육과 국제적 인력 통용성을 확보한 나라들이 전 세계 130여 개국에 이른다는 사실을 볼 때 우리도 더 이상 미룰 수 없게 되었습니다. 누군가는 급히 서두르는 것이 아닌가 걱정하지만 현재 NCS가 활발히 활용되고 있는 스페인의 경우도 2년 내에 완성한 사례가 있어 그런 비판은 기우에 불과합니다.

고질적인 학벌·학력 사회를 파괴해 개인의 행복한 삶으로 가기 위해 필요한 것은 우선 학교 교육이 꿈과 끼를 키워내는 장소가 되어야 한다는 점이고 이것이 개인의 적성과 능력 개발로 이어져야 한다는 것입니다. '누가 더 많이 암기하고 이론적으로 알고 있는가'라는 기준이 아니라 '입직 후 해야 하는 직무에 관한 능력 및 현장 경험과 기술'을 우선으로 한 채용 방식이 보편화된다면 분명 우리 사회도 바뀌어갈 것입니다.

NCS가 능력중심사회를 열어갈 핵심 키 역할을 담당하길 바랍니다.

NCS를 통해 우리 사회가 일자리 중심 교육으로 교육적 낭비 없이 현장에서 요구하는 인재를 양성할 수 있길 기대합니다. 이를 통해 입직시기를 앞당기고, 인재를 적재적소에 배치할 수 있게 될 그날을 꿈꿉니다. 또한 입직 후에도 지속적인 경력개발을 통해 수직적 이동이 가능하게 될 것이며, 자신의 능력을 재대로 인정받을 수 있는 사회가 될 것입니다. 그렇게 NCS는 학벌이 아닌 능력중심사회로 변화하는 희망의 기제가 될 것입니다.

NCS를 기반으로 한 인재혁명이 우리 학교와 사회 안에서 어떤 모습으로 드러날지, 그것을 상상하고 추적해 보는 KBS 2부작 다큐멘터리 〈NCS, 인재혁명〉이 책으로 출판된 것을 기쁘게 생각합니다. 어쩌면 좀 더 빨리 세상에 나와 독자들을 만났다면 더 좋았을 것이지만 지금도 늦지 않았다고 봅니다.

NCS의 개념을 이해하고 사회적인 공감대가 형성되는 데 이 책이 큰 역할을 할 수 있을 것이라고 기대하며 마지막으로 이 책의 독자가 될 모든 청년들과 NCS 개발자, 교육훈련 종사자, 현장의 고용주 및 채용 주체, 학생 또는 훈련생, 현장 재직자 등 모두가 하나 된 마음으로 개발과 활용에 동참해주길 부탁합니다.

제작진 노트 1

김규효 프로듀서 | KBS 협력제작국

　국가적인 시책으로 진행되는 사업이지만 NCS의 개념이 보편화되지 않은 지금, 우선 필요한 것은 개념을 정의하는 작업이라고 생각했습니다. 어쩌면 의무감으로 시작했던 이번 작업에서 가장 큰 고민은 '직무능력평가'라는 말을 쉽게 전달하고 이해시키는 방식에 관한 것이었습니다.

　타이틀을 놓고 고민했던 이유도 마찬가집니다. 스펙 없는 세상을 꿈꾸며 청년실업 문제를 근본적으로 살펴볼 수 있는 다큐멘터리의 제목은 과연 무엇일까를 놓고 고민하다가 제작진은 '인재혁명'에서 답을 찾았습니다.

우리 사회에는 많은 인재가 있습니다만, 그들이 각자의 자리에서 인정받는 실력 있는 인재가 되기 위해서는 또 한 번의 혁명이 필요하다고 생각했던 것이지요. 그런 연장선상에서 우리 사회의 현실을 되짚어 보는 '1부 인재가 사라졌다'와 '2부 인재는 만들어진다'로 소제목을 정하게 됐습니다. 제작기간 동안 함께 고민했던 것의 답을 조금은 찾을 수 있는 결과물이었다고 생각하지만 시청자, 그리고 독자들에게는 여전히 어려운 문제일 수 있다고 봅니다.

그럼에도 불구하고 이 책을 통해 NCS가 구현하는 사회의 미래상을 함께 상상해 보길 권합니다. 그러한 미래를 위해 함께 노력할 것도 부탁하는 마음입니다.

▤ 제작진 노트 2

한성환 PD | KBS 다큐멘터리 〈NCS, 인재혁명〉 연출

다큐멘터리를 제작하는 과정은 형체가 불투명한 대상을 위해 옷 한 벌을 짓는 것과 비슷합니다. 실체를 알지 못하지만, 그 대상에 꼭 맞는 옷을 짓기 위해 한 코씩 뜨개질을 하는 것으로 작업이 시작되기 때문입니다. 그리고 작업이 모두 끝났을 때, 잘 맞는 옷을 지어냈다는 것을 알게 될 때, 비로소 안도하게 됩니다.

〈NCS, 인재혁명〉 다큐멘터리를 제작하면서 가장 힘들었던 점은 'NCS'의 실체를 어떻게 영상으로 표현할 것인가, 아니 어쩌면 그 실체가 있기는 한 것인가에 대한 것이었습니다. 제작

초반에 겪어야 했던 이러한 고민들로 더 많은 공부를 해야 했고 제작에 참여했던 PD와 작가들이 함께 한숨을 쉬는 일도 잦아졌습니다.

하지만 긴 고민의 터널에서 빛처럼 드러난 NCS의 실체는 자료더미에 있었던 것이 아니었습니다. 우연찮게 글로벌현장교육 취재를 위해 찾았던 스위스의 한 호텔에서 만났던 한국의 고등학생들에게서 NCS가 꿈꾸는 세상이 어떤 것인지를 보게 되었습니다. 그들은 모두 특성화고등학교 3학년에 재학 중이었는데 중학교 때 이미 진로를 정하고 인생 계획을 일찌감치 끝냈다고 말하고 있었습니다.

대학 진학을 포기한 것이 아니라 거부했다는 아이들은 직업체험을 하며 매우 현실적인 꿈의 자리에 서 있었습니다. 호텔리어를 꿈꾸는 열여덟 살의 아이들은 밝은 미소, 긍정적인 생각으로 가득했고 무엇보다 꿈에 대해 말하는 것을 즐거워했으며 당당했습니다.

꿈을 찾은 사람들은 당당합니다. 그리고 그것을 향해 가는 시간은 즐겁습니다. 중간에 어떤 어려움이 찾아올 수는 있지만 도전을 멈추지 않겠지요. 그들이 꿈꾸는 세상을 요약해보 자면 'NCS가 꿈꾸는 세상'일 것입니다.

아이들은 올해 고등학교를 졸업했습니다. 어른들의 눈에 그 들은 고졸일까요. 그렇지 않으면 꿈을 꾸는 청년일까요. 우리 가 그들을 어떤 눈으로 볼 것인가, 그 답이 미래입니다.

우리의 미래가 능력 중심의 세상이 되길, 꿈꾸는 자의 편에 있기를 바라며 그들이 꿈꾸는 미래가 상상과 다르지 않기를, 사회의 어떤 편견 속에서 좌절하는 순간이 없기를 기도하며 이 글을 대신합니다.

불안한 오늘을

서성이는 청춘들이

희망을

버 . 리 . 지 . 않 . 게 ,

위로가 되기를

너무 애쓰고
노력하는 당신,
청춘에게

자유가 '내일' 올 것이다.
이곳에서의 '이날'은 구체적인 날짜와 요일을 상실하였지만
한 주일을 쉬는 날과 일하는 날로 구분하고, 선과 악이 존재하고,
모든 사람들이 정상적인 삶의 법칙을 기억하는 곳,
그리고 사람들이 그 법칙에 따라 생활하는 곳이 이제 멀지 않았다.

– 안드레이 쿠르코프, 《펭귄의 실종》 중에서

얼마나 간절할까, 라는 생각은 결코 막연한 상상이 아니다.
추측도 아니며 짐작도 아니다.

나 역시 불안해 책상 앞에 앉아야 했던 10대와 두려움에
갇혀 학원을 들락거리던 20대를 살아내는 동안 '자유'가 있
을 '내일'을 매일 꿈꾸며 살았다. 내가 살아가는 '이날'과 꿈꾸

는 '미래'를 비교할 때마다 쉬는 날과 일하는 날을 구분해 살아가는 '직장인'들이 다른 계층의 사람으로 보였다. 구체적인 날짜와 요일을 상실한 채 도서관으로, 학원으로, 학교로 쉬지 않고 움직이다가 불현듯 느껴야 했던 이질감은 버스에서 내려 나와 다른 목적지로 가는 사람들에게서 왔다. 그들은 정상으로 보였고 나는 비정상인 듯했다. 그 세계로 가고 싶었다.

방송작가가 되었지만 고용 불안이야 떼어낼 수 없는 혹이라는 것을 이 세계에 와서 알았다.

그럼에도 내가 살았던 '불안했던 이날'을 살아가는 사람들은 아직 '오늘'을 시작하지 못했다는 슬픔에 방치돼 있다. 그것이 개인의 문제에서 사회적 이슈로 확장됐다는 것을 뉴스에서 보고 드라마에서도 봤다. 88만원 세대, 삼포세대, 미생이라는 단어가 헉, 소리를 내고 연일 뉴스로 보도될 때마다 과거의 기억이 재생되어 막연한 슬픔에 동요된 적도 있다. 뭔가 하고 싶은 생각에 청년 실업을 주제로 방송 프로그램을 기획하기도 했지만 마땅한 답이 없었다.

전국의 대학생들을 불러모아 토론프로그램을 진행하면서 그것은 더욱 확실해졌다. 대학생들은 계속 화가 나 있었고 따지길 서슴지 않았다. 피해자라는 생각에 사로잡힌 사람처럼 출연료와 식비, 교통비를 엄중히 계산해 보여줬다. 살얼음 걷듯 모든 과정이 다 끝나던 밤, 예정됐던 두 달의 시간이 전파를 타고 전국으로 방송이 되어버린 밤, 아쉬움에 술자리를 하기 위해 모였던 그 어느 여름밤에, 나는 드디어 청춘의 슬픔을 마주했다. 누나, 언니라고 부르며 나에게 다가오는 대학생들은 졸업을 유예하며 일종의 안전지대에 발을 디디고 취업이라는 힘겨운 장벽을 뛰어넘으려 '너무' 애쓰고 노력하고 있었다. 동이 트도록 대화를 나누는 동안 사실 내가 해줄 것이 없다는 게 내내 미안했지만 그저 그날을 살아냈던 선배라는 이유로 격려하고 어깨를 쓰다듬어 주었다. 하지만 나는 안다. 그들이 넘어야 하는 장벽은 '취업의 문'이 아니라 우리 사회가 만들어 놓은 '구조의 문'이며 '스펙의 문'이라는 사실을.

뜻밖의 제안을 받았다.

지난해 봄, 한 외주 제작 프로덕션 대표님으로부터 다큐멘터리를 기획해달라는 제안을 받았는데 거기에는 '스펙 없는 세상 만들기'라는 참으로 건전한 문구가 쓰여 있었다. 몇 장짜리 문서에는 청년의 일자리 문제를 스펙 없는 세상에서 풀어보자는 이상적인 설명이 있었고 그 문장 속에서 낯선 영어 단어 하나를 발견했다. 그것은 NCS였다. 나는 답답한 마음이 들어 물었다. "이거 엔씨에스를 하면 스펙 없는 세상이 된다는 뜻이에요?" 의심이 들었지만 답은 정해져 있었다. 그런 세상을 만들 수만 있다면, 아니 조금의 도움이라도 된다면, 그렇다면, 지금부터 알아봐야겠다- 고.

NCS는 'National Competency Standards'의 약자로 '국가직무능력표준'이라고 풀이할 수 있는데 쉽게 말해, 어떤 특정한 직업을 갖기 위해 필요한 직무 능력을 국가적인 차원에서 과학적으로 정리해 표준으로 삼겠다는 뜻이다. 방송작가가 꿈이었던 나는 고등학교 때 국문학과나 신문방송학, 문예창작과를 전공으로 해야 한다고 생각했고, 이런 전공이 있는 대학을 성적 순위로 적어 놓은 후 '대학=목표'로 인생의 고민을 짧게 끝냈다. 스무 살의 목표는 누구에게나 비슷했고 지금도 그럴 것이지만, 이것이 틀렸다는 걸 방송현장에 와서 보고 알았다. 방송작가로 일하는 데 대학에서 무엇을 전공했었는지는 그리 큰 영향을 미치지 않는다는 것, 심지어 대학에 진학하지 못했다고 해도 불편하지 않았을 것이라는 사실- 이것은 어쩌면 입시 준비를 할 시간에 더 많은 책을 읽고 많은 사람들을 만나며 여행을 했다면, 아니 위성채널을 달아놓고 전 세계의 다양한 방송을 맘껏 봤더라면 더 좋았을 것이라는- 강한 역설의 의문을 가져오기도 했다.

'NCS'가 추진하는 직업체계는 현장에서 일하는 기성세대, 기업인, 전문가 등 다수의 어른들에게 꽤 설득력 있게 다가온다. 이것이 지향하는 방향은 대학교육은 물론 대학 진학을 목표로 준비하는 중등, 고등교육의 문제를 다시 생각해 보게 만든다. 현장에서 필요한 인재를 키워내기 위해 스무 살이 되기 이전의 아래로 거슬러가다 보면 어쩌면 처음부터 잘못됐었다는 것을 '경험을 통해' 알게 된다. 방송작가가 되기 위한 길은 한두 가지가 아니다. 물론 큰 줄기의 길도 있겠지만 그렇지 않은 다른 길이 더 많이 있다는 사실을 분명하게 약속해 줄 것이 바로 이 'NCS'다.

방송작가 입문, 혹은 3년, 혹은 10년에 맞는 직무 능력을 표준화해 둔다면 다른 일을 하다가도 경력을 인정받아 방송작가 업무 수행 능력으로 평가받을 수 있다는 의미다. 이런 '일-교육·훈련-자격'을 유기적으로 연계해 현장에서 필요한 인력을 교육하고 평가해 나가는 핵심기제는 우리 사회의 모든 분야와 직업군에서 가능하기 때문에 궁극적으로는 기업과 국가의 경쟁력을 높이고 성공적인 인재를 양성해 나갈 수 있다는 결론에 도달하게 한다. 이것을 상상하면 머리에는 특별한 그림이 떠오른다. 이른바 '진로개발지도'다. 누군가 꿈의 지점을 정해놓고 보면 그곳을 향해 갈 수 있는 여러 가지의 길이 있음을 알게 되며 어떤 길을 거쳐 갈 것인지 내가 선택할 수 있다. 현장을 통해 갈 수도, 교육을 통해 갈 수도 있지만 중요한 것은 목표 지점을 향해 갈 수 있도록 '그것'이 우리를 도와줄 것이라는 것이다.

지난여름과 가을, 나는 'NCS'의 실체를 찾아 각계 다양한 전문가와 이야기를 나누었고 많은 직업현장과 국내외 학교들을 취재했다. 그 과정을 통해 알게 된 것은 'NCS'라는 시스템의 본질은 보다 근원적인 명제, 곧 '인재의 조건'과 맞닿아 있다는 사실이었다. 인재라는 것은 보편적인 정보와 일반적인 지식을 채운 성적표에 있는 것이 아니라 구체적인 직업군 안에 실무적·기능적 역할을 갖춘 경험적 교육 안에 있다. 인재의 조건을 결코 한 가지로 정의할 수 없지만 학력이라든가 언어 능력, 자격증 등으로 평가할 수도, 알아낼 수도, 증명해낼 수도 없다는 점에는 크게 공감한다. 간단히 말해 인재는 자신의 능력을 극대화해서 적절한 역할을 해내는 '직무 능력이 높은 사람'이라는 것이다. 역할에 맞는 인재, 직업군 속의 인재, 자신의 일을 가장 잘하는 인재에 대한 인식은 이전의 것과는 조금 다른 면이 있다.

초등부터 고등교육까지 12년의 교육을 끝냈지만 스무 살의 청년은 아직도 제자리에 있다. 여전히 꿈을 찾고 있고 진로를 고민하며 취업 공부를 하게 될 것이다. 시간과 노력, 비용을 들여 공부하고 있고 또 공부해 왔지만 과연 꿈을 위한 것이었나, 묻는다면 답은 어려워진다.

지난해 겨울 최종 원고 작업을 하면서 우리 사회에 '인재혁명'이 일어나길 간절히 바라는 마음을 꼬박 가슴에 채웠다. KBS 1TV로 방영된 2부작 특집 다큐멘터리 〈NCS, 인재혁명〉의 제작과정에서 경험하고 만나면서 취재한 이야기를 한 권의 책으로 묶었다. 누군가에게는 정보가 되고 도전이 되길 바라지만 불안한 오늘을 서성이는 청춘들이 희망을 버.리.지.않.게, 위로가 되기를 간절히 소망한다.

목 차

ZERO
인재가 사라졌다

ZERO
인재가 사라졌다

빛나는 청춘의 시기,
'스물한 살의 위기'를
버티고 견뎌내면
찬란한 미래가
우리를 기다리고 있나요?

찬란해서 더욱 비통한
스물한 살

학자금 대출로 시작했던 대학생활은 꿈꿔왔던 모습과 엇나갔고 자꾸만 엄마를 곤란하게 만들었으며 연체된 대출이자는 몇 달을 넘겨 생애 첫 번째 '채무불이행 신용불량'이라는 딱지가 붙게 되었다. 이제 겨우 스물한 살이 된 청년의 이야기다.

멤피스 출신의 가난한 무명가수는 한 장의 앨범으로 몇 주 만에 세계적인 스타가 됐다. 혁명과도 같았던 노래 'Heartbreak Hotel'을 들려준 전설, 그의 이름은 엘비스 프레슬리Elvis Presley였고 아무도 예상치 못했던 새로운 삶을 시작했다. 엘비스를 일약 스타덤에 올려놓은 곡은 사실 지역 신문 기사에 인용된 자살 유서의 한 구절 "I walk a lonely street(난 외로운 거리를 걷지)"에서 시작됐다. 정신병적 난장판이라는 비난에도 굴하지 않고 녹음에 성공했고 음반이 나왔을 때 대중은 열광했다. 스스로 생을 마감해야 하는 불행한 인생을 비유하던 슬픈 문장 하나가 방황하는 청춘에게 예상치 못했던 기회를 준 것이다. 그의 나이 스물한 살 때의 일이다.

열여섯 살 때부터 미국의 남부와 중서부를 떠돌며 전신 기술자로 생활비를 벌었던 한 남자는 돌연 보스턴에 정착해 첫 번째 발명품을 만들어냈다. 제품명은 전기투표기록기. 완벽한 발명이었지만 아무도 반기는 사람이 없다는 사실을 깨닫고 남자는 새로운 전환점을 맞는다. 대중이 원하는 것을 발명해야 한다는 깨달음을 얻고 발명에 몰두해 역사를 바꾼다. 이 남자의 이름은 토마스 에디슨Thomas Alva Edison이고 그때 그의 나이, 스물한 살이었다.

영국의 철학자이자 경제학자인 존 스튜어트 밀John Stuart Mill 은 인생에서 가장 찬란한 나이라는 스물한 살에 극심한 신경쇠약에 시달렸고 삶의 흥미와 의욕을 모두 잃어 황폐한 정신적 위기를 맞았다. 그를 구원한 것은 워즈워스William Wordsworth 의 시와 마르몽텔Jean-Fran ois Marmontel의 작품이었다. 책을 통해 인생의 위안을 얻고 새로운 삶을 시작한 그는 철학을 비롯한 경제와 논리학, 윤리학과 정치학까지 다양한 분야에서 방대한 저술을 남기게 된다. 빛나는 청춘의 시기, '스물한 살의 위기'를 버티고 견뎌낸 놀라운 결과다.

스물한 살의 당신은 어떻게 찬란했고 또 어떻게 좌절했나요, 묻는다면 많은 이들이 기억을 더듬어 이야기보따리를 풀어낼 것이다. 스물한 살과 멀어지면 멀어질수록 그 시절의 슬픔과 고통은 아름다운 추억일 수 있다. 그런 까닭에 스물한 살의 찬란하지만 비통한 하루는 위로받을 이유를 갖는다. 하지만 지금 그 나이를 살아가는 그녀와 그들에게 슬프고도 절망적인 고통이 찾아와 있다면, 그래서 아무런 방어기제를 갖지 못한 어린 청춘이 슬픔 그 자체에 갇혀버린다면, 너무 아플 것이다.

지난가을 스물한 살의 지윤씨는 고된 '서울살이'를 그만하기로 정하고 짐을 싸고 있었다. 중랑천에서 그리 멀지 않은 빽빽한 빌라촌 어느 지하 한 평이 조금 넘는 원룸에서 살아가는 그녀를 만났다. 지윤씨는 전문직에서 일하고 싶다는 꿈을 키우며 간호 고등학교를 졸업하고 물리치료사가 되기 위해 대학에 진학했다고 했다. 하지만 대학생활은 꿈꾸고 상상했던 것과는 전혀 달랐다. 등록금의 80%를 학자금 대출로 충당하며 시작했던 대학생활은 하루아침에 지윤씨를 빚쟁이로 만들었다.

1년간 학자금 대출을 천오백 만 원이나 받았지만 그리 큰 걱정은 하지 않았다. 엄마가 식당에서 일하며 대출금 이자를 갚고 있었고 딸은 그런 엄마를 위해 좁은 기숙사에서 공부하며 불평 없이 미래를 꿈꾸었다. 하지만 현실은 조금씩 빗나가고 있었다. 기숙사비용과 식비는 정해져 있었지만 그 외의 비용이 지나치게 많았다고 했다. 교수님 생일파티, 과 엠티, 현장학습과 동호회까지. 모임에 빠지고 싶어도 회비는 내야 했고 그 비용은 매달 몇 십만 원을 훌쩍 넘어버렸다. 일주일에 한두 번은 집에 전화해 돈을 부쳐달라며 엄마를 곤란하게 했고 그러는 동안 학자금 대출이자는 몇 달을 넘겨 연체됐다. 다시 6개월이 지났을 때 갑자기 교통카드가 정지됐다. 생애 첫 번째 '채무불이행 신용불량'이라는 슬픈 이름이 스물한 살 대학생에게 붙여진 것이다.

빈곤 대학생으로의 추락

이지윤
고금리 학자금대출 피해자

제가 처음엔 학자금 대출 이자를 내려고 (고금리 대출을)
받았는데 받고 내고 계속 그런 악순환이 반복되는 거예요

고금리 학자금 대출에 시달리는 대학생

　지윤씨는 대부업체에 찾아가 200만 원을 빌려 이자를 냈지
만 그 사실을 엄마에게 말하지 못했다고 한다. 고생하는 엄마
에게 더 이상 고통을 주지 않겠다는 결론을 내렸을 때 할 수
있는 일은 휴학 신청을 하는 것뿐이었다. 그 역시 엄마에게 말
할 수 없었다. 그렇게 시작된 시작한 아르바이트는 편의점, 식
당, 패스트푸드 매장을 지나 노래방 도우미에서 정착했다. 학
교 친구들과 함께 도서관에 가고 싶었던 그녀는 남몰래 돈을
벌기 위해 밤이면 유흥가 거리에서 승합차에 올라타 노래 부
를 순서를 기다려야 했다.

제작진이 그녀를 취재하던 늦은 밤, 그녀는 짐을 싸고 있었다. 휴학한 뒤 기숙사 생활을 그만둬야 했던 그녀는 싼 집을 찾아 자주 이사를 다녔기에 짐은 단출하기만 했다. 이제 모든 것을 다 포기했으며 고향으로 내려가겠다고 했다. 대학에 돌아갈 생각 따위는 모두 버렸다고도 했다.

지윤   사실 떠돌이 생활을 했어요. 이사를 엄청 많이 다녔죠.

제작진   이사를 얼마나 다닌 거 같아요?

지윤   다섯 번이요.

제작진   학업은 포기한 상태에요?

지윤   포기했어요. 등록금 문제뿐만 아니라 여러 가지 돈 나가는 데가 많고,

대학을 나왔다 해서 제가 돈을 많이 번다거나 보장된 게 있다거나 하는 것이 없으니까요.

대학에 진학한 것을 후회하느냐는 제작진의 질문에 그녀는 아무 망설임 없이 '후회한다'고 끊어 말했다. 학교에 지불했던 돈이 아깝다고도 했고 그 돈으로 다른 것을 했었다면 더 의미 있었을 것이라고 말을 이었다.

지윤　후회, 엄청 많이 해요. 지금도 해요. 차라리 그 돈으로 다른 걸 했으면, 이라고. 사실 그때는 부모님이나 주변 시선 때문에 대학 간 게 큰데요.
지금 생각해 보면 괜히 갔다 싶을 때가 많아요.

　마음 정리가 끝났다면서 담담하게 이야기를 시작했던 스물한 살의 그녀는 지난 대학시절을 회상하며 조금 힘겨워했다. 학자금 대출을 받더라도 대학교육이 꼭 필요하다고 생각했던 과거가 이렇게 족쇄가 될 줄 몰랐던 터다. 대학만 졸업하면 취업은 당연할 것이라던 믿음도 원망스럽다며 눈물을 닦았다.

　가장 아름답고 찬란한 나이라고 말하는 스물한 살에, 수많은 청년들이 눈물을 짓는다. 대학이라는 허울이 인생의 목표였던 지난 시간에 대해 후회가 밀려올 때, 대학 진학이 곧 성공이라던 맹렬한 믿음에 의심이 찾아들 때, 우리는 어떻게 그 소용돌이를 헤쳐 나와야 할까.

**2013년 기준
연이율
20% 이상
고금리 대출을
한 대학생**

8만 8천 명

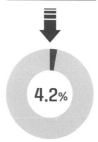

4.2%

전체 대학생
212만 명 중

자료:금융감독원

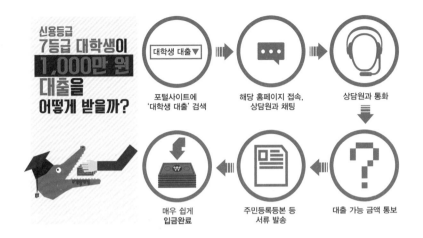

신용등급 **7등급 대학생**이 **1,000만 원** 대출을 어떻게 받을까?

포털사이트에
'대학생 대출' 검색

해당 홈페이지 접속,
상담원과 채팅

상담원과 통화

대출 가능 금액 통보

주민등록등본 등
서류 발송

매우 쉽게
입금완료

학자금 대출금액이 차곡차곡 쌓이고 고금리 대출로 이어지면서 나를 좌절의 늪으로 끌어당길 때, 절망이 우리를 무릎 꿇게 할 때. 우리는 무엇을 해야 할까. 무엇을 할 수 있을까. 공부해야 성공한다, 라는 말도. 대학에는 꼭 가야 해, 라는 말도. 기성세대가 스물한 살 청춘에게 해 줄 수 있는 말이 아니라는 것을 나는 그때 알았다.

그럼 다른 길은 없나요? 라는 질문에 '있어, 걱정 마'라는 답을 해야 한다는 것도 나는 알게 되었다.

"20대 우리의 청년들이 위험하다"

신용불량자 가운데 고금리의 제2금융권 대출 비율

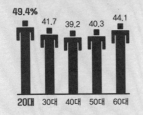

49.4% 20대
41.7 30대
39.2 40대
40.3 50대
44.1 60대

연체 후 1년 이내에 빚 탕감 등 채무 조정하는 비율

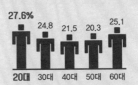

27.6% 20대
24.8 30대
21.5 40대
20.3 50대
25.1 60대

자료:신용회복위원회

저축은행 대학생 대출 취급 현황 (2014년 11월 말 기준)	
대출자	6만 1,009명
총 대출금	2,074억 원
1인당 대출금	340만 원
평균금리	27.7%
총 연체금액	213억 원
취급 저축은행	27곳

대부업체 대학생 대출 현황 (2014년 11월 말 기준)	
대출자	2,781명
총 대출금	51억 3,200만 원
1인당 대출금	180만 원
평균금리	36.6%
총 연체금액	6억 1,070만 원

자료:금융감독원

개천에서

용 난다는

어른들의 말이

가장 멍청하게 들렸어요

왜 당신은
'스튜던트 푸어'가 되었나

중학생 때는 내신 준비로
고등학생 때는 대입 준비로
대학생 때는 취업 준비로
언제나 힘들었다.
기약 없는 '준비'로
우리의 눈부신 젊음이 소비됐다.

대학 토론 프로그램 예선전에서 나는 새로운 아이디어를 냈다. 우리 속담을 명제에 두고 옳고 그름을 정의해 보자는 것이었다. 그렇게 준비된 속담들 중 내가 가장 먼저 리스트에 올렸던 것은 '개천에서 용 난다'였다. 개천에서 용 난다며 공부하라는 어른들의 말은 내가 대학을 다니던 1990년대에도 가장 멍청하게 들렸던 속담 중 하나라고 생각했기 때문이다. 사교육은 우리 사회가 가진 계급과 신분 차이를 극명하게 드러

내줬고, 교육 전반의 '양극화'나 '격차'는 이미 우리들의 성적표 안으로 깊숙이 들어와 있었다. 돈 있는 집 아이들이 공부를 잘할 확률이 높다는 전문가의 의견과 객관적 수치가 이미 나와 있었을 뿐 아니라 현실 속 친구들을 통해 경험으로 깨닫기도 했다. 개천에서는 용이 날 수 없으므로 이는 속담이 아닌 가설이라는 결론을 내리게 되었다. 만약 과거에나 가능했던 말이라면 그저 해묵은 고사일 뿐이라는 뜻일 것이다.

OECD 국가 중 우리나라만큼 소수 재벌이 경제를 완벽하게 지배하는 나라는 없다고 전문가들은 말한다. 이 사실은 통계를 통해 더욱 분명해진다. 반면 가장 불평등한 나라라고 불리는 미국에서 지난해 '포브스'지가 뽑은 100대 부자 중 78명이 '재벌가'가 아니라 '창업자'였다. 세계 곳곳에서 예상치 못했던 이변이 쏟아지며 새로운 성공신화를 이룬 인재들이 등장하고 있다. 그런데 왜 한국은 100명 중 78명이 상속부자일까. 그렇다면 '개천에서 용 난다'라는 속담에 대해 다른 정의를 해볼 필요가 있다. 한국 개천에서는 용이 날 리 없지만 미국 개천에서는 용이 나올 수도 있다는 것으로 말이다.

1분위
(하위 20%) ▶ 6만 6,800

2분위 ▶ 20만 700

3분위 ▶ 27만 5,700

4분위 ▶ 35만 300

5분위
(상위 20%) ▶ 52만 9,400

**2014년
소득 5분위별
교육비 지출액**

(단위: 원, 월평균, 2인 이상 가계)
자료:통계청

    한국 자본주의의 문제를 묻어두고라도 우리는 교육현실에서 차별이라는 것을 경험했다. 2014년 소득 5분위별 교육비 지출액을 보면 고소득층의 교육비 지출액이 저소득층의 8배에 이른다는 통계청 보고가 있었다. 소득이 높을수록 교육에 쏟아 붓는 돈이 많고, 돈을 쏟아 부을수록 이들의 자녀는 좋은 대학에 간다는 의미다.

    이런 격차를 극복할 수 있는 방법은 과연 무엇일까. 다시 한 번 '개천에서 용 난다'는 속담에 의지해 이를 악물고 공부해야 할까. 누군가는 그런 믿음을 열매로 얻을 수 있을지 모르겠지만 상당수의 사람들은 대학을 졸업하기도 전에 빈곤층으로 전락해 버린다. 이른바 스튜던트 푸어Student Poor다.

출발선에서부터
빚을 달고 달려야 하는 청년들

1988년생, 올해 나이 스물일곱의 원석씨는 H대학에서 커뮤니케이션 디자인과를 전공했지만 졸업을 유예하고 취업 준비를 하고 있다. 대학생이라는 타이틀로 면접을 보는 것과 졸업생으로 사회에 문을 두드리는 것이 엄연히 다르다는 사실을 우리 사회가 알려주었기 때문이다. 생활비를 마련해야 해서 전공을 살려 닥치는 대로 아르바이트를 하고 있었지만 이런 일이 정기적이지 않기 때문에 돈이 없으면 없는 대로 라면으로 끼니를 때우며 취업 준비에 여념이 없었다. 매일매일의 일과는 매우 규칙적이었다. 아침에 일어나면 제일 먼저 취업정보가 올라오는 인터넷 카페에 접속하는 일로 하루를 시작해 구인광고라는 키워드로 인터넷 사이트를 뒤진다. 그리고 계속되는 것은 스펙 쌓기. 대기업에서 떨어진 이유가 영어 때문이라고 생각하는 원석씨는 그 뒤로 다시 영어공부에 매달렸고 최근 들어서는 한자 공부도 한다고 했다. 뭐라도 한 줄 더 쓰면 취업에 도움이 될 것이라는 막연한 생각 때문에 앞으로 일 년 간 스펙 높이는 시간을 갖겠다는 것이다.

하지만 취업 준비를 하면서 원석씨의 꿈은 몇 번이나 혼란에 빠졌다. 처음에는 광고회사 아트디렉터가 목표였지만 대기업 공채에서 떨어졌을 때 꿈보다는 직장, 명예보다는 돈이라는 현실적인 고민을 해야 했다. 물론 자신이 원하는 일자리가 생길 때까지 일단 기다리기로 마음먹었지만 취업 준비라는 것이 특별히 할 일이 많은 것도 아니다. 10대 때 공부하던 것처럼 책상에 앉아 영어 책을 보고 한자 참고서를 뒤적이는 일이 스물일곱이 된 지금까지 멈추지 않고 계속되고 있는 셈이다.

"힘든 것은요, 중학생 때도 힘들었는데 고등학생 되면 나아질 줄 알았거든요. 그런데 고등학생 되고도 힘들었고, 고3 되니까 또 고3 나름대로 힘들었고 대학교에 와서도 여전히 힘들고…….
그렇지만 이때까지 힘들어 왔으니까요, 지금 이것도 힘든 과정 중에 하나라고 생각하면 사실 못 버틸 정도는 아니니까. 너무 힘들다는 생각에 빠지지 말고 지금 하는 거 열심히 하다 보면 꼭 좋은 결과 있을 것이라고 생각하고……."

늘어나는 학자금 대출
(단위: 원/잔액 기준)

0.5조
2005년 12월 말

12조
2014년 6월 말

20대 사회진출 대기자 11%가 빈곤
(2013년 기준)

11%
빈곤인구
34만 명

20대 사회진출
대기자 316만 명

자료: 한국 장학재단, 통계청

방값이랑 학자금 이자는 별도로 해서
모두 합해서 한 달에 150만 원 정도 나가는 것 같아요

취업준비에 필요한 비용을 스스로 부담해야 하는 청년 구직자

원석씨와 같이 취업이라는 목표만을 가지고 스펙을 쌓으며 공부해 왔지만 자신의 의지와 상관없이 빈곤층이 되어버린 사람들을 '스튜던트 푸어'라 지칭한다.

사회 진출을 하지 못해 '돈을 벌지 못하는' 시간이 길어져 빈곤층이 되어버렸다는 뜻이다. 실제 조사에 따르면 사회 진출을 준비하고 있는 20대 열 명 중 한 명 이상이 스튜던트 푸어로 전락했다고 한다.

최근 '3대 푸어'로 하우스 푸어, 실버 푸어와 더불어 '스튜던트 푸어'를 가리킬 만큼 젊은 빈곤층이 심각한 사회 문제로 부상하고 있다. 스튜던트 푸어는 크게 네 유형으로 나눌 수

[스튜던트 푸어 · Student Poor]
학자금 등 취업 준비 비용이 늘어나 빈곤의 늪에 빠진
세대를 말하는 신조어

20대 사회진출 대기자 361만 명 중 빈곤층 34만 명

있는데 취업에 필요한 '스펙'을 쌓느라 수천만 원을 쓰는 청년 구직자가 첫 번째 유형이고, 두 번째 유형은 행정고시, 공무원 시험, 교원임용시험 등에 뛰어든 수험생이다. 그 외에도 변호 사와 의사 같은 고소득 전문직종을 노리며 전문대학원에 입 학한 학생들이 있는데 문제는 마지막 유형에 있다.

처음엔 그나마 '꿈'을 지닌 가난한 '학생'이라는 의미라도 있 었지만 이 시기가 오랜 시간이 지속되면서 가난에서 헤어나 지 못하고 그대로 빈곤층에 머물게 되는 사람들이다.

청년층의 빚이 늘고 있다는 것- 이것은 우리의 미래를 향한 경고등일 것이다. 그럼에도 빈곤층으로 내몰리는 청년의 현실에 대해 사회는 책임을 함께 지려고 하기보다는 '삼포세대'라든가 '88만원 세대'와 같은 단어들로 일축해 버리는 현실을 되돌아볼 필요가 있다.

인재가 되고 싶었고 사회가 원하는 사람이 되고 싶어 어른들이 알려준 길을 따라 공부해 왔을 뿐이지만 사회는 왜 이들을 쓰지 않는 것일까. 더 큰 불행은 그렇게 노력했음에도 우리 사회와 기업이 원하는 인재로 성장했는지 알 수 없다는 데에 있다. 사회 빈곤층으로 전락해버린 청춘들에게 이제라도 '진짜 필요한 인재'가 되는 방법을 가르쳐줘야 한다.

"학생들이 빚에 허덕이고 있다"

스튜던트 푸어 – 사회 진출을 준비하는 '빈곤한 학생'

스펙
학자금 대출
취업준비 비용
빚

스튜던트 푸어란?

한국직업능력개발에 따르면 대학 · 대학원생, 고시학원 ·
직업훈련기관 수강생, 취업 준비생 신분인 20대 316만여 명
중 1인가구 기준 월수입이 106만 7,731원 미만인 빈곤가구를
'스튜던트 푸어'라고 부르는데 현재 34만여 명(11%)으로 추산된다.
스튜던트 푸어를 양산하는 가장 큰 요인은 좋은 일자리를 구하기
전까지 스스로 부담해야만 하는 '고비용 구조'다.

서울 소재 대학의 학생 수

지방 출신 대학생
16만 2,000명 **32.7%**

서울 소재 전체 대학생
49만 5,000명

지방 출신 학생의 거주 형태

37.5% 월세 자취	17.7% 전세 자취	9.4% 하숙	7.3% 고시원	28.1% 기숙사 (직영,민자, 향토)

거주 형태별 월 평균 생활비

(주거비+공과금+식비+교통비, 괄호는 월 지출 중 비중)

월세 자취	66만원(81.5%)
전세 자취	46만원(56.8%)
하숙	62만원(76.5%)
고시원	58만원(71.6%)
학교 직영 기숙사	43만원(53.1%)
민자 기숙사	50만원(61.7%)
향토학사	34만원(42.0%)

자료: 한국장학재단, 한국청소년정책연구원, 2013년

어떻게 하면
진짜 인생과
진짜 행복을
누릴 수 있을지
고민이에요

20대를 지켜라

많은 대학생들이
전공분야 안에서 학문적 탐구와 함께
다양한 경험을 갖길 바라지만
현실 속 대학은 취업사관학교와 크게 다르지 않다.
높은 학점, 토익점수, 어학연수 등등
대한민국 이십대들의 이력서는 이미 포화상태다.

    마케팅 매니저가 첫 번째 직업이었다는 남자가 문득 직장을 그만두고 한 연구소 소장으로 부임하게 된다. 그가 2011년 봄에 연구소 소장이 되길 자청한 가장 큰 이유는 '의미 있는 일을 하고 싶어서'였고 '우리 사회에 도움을 주고 싶어서'였다고 한다. 그 남자의 이름은 박진수고 그가 소장으로 있는 연구소의 이름은 '대학내일 20대 연구소'다.

사실 '대학내일'은 대학생들에게 생활정보를 주기 위해 시작
된 미디어기업이었는데 대학생들이 만나고 싶었던 멘토 혹은
유명인과의 인터뷰를 담게 되면서 전국 대학생들의 문화소식
까지 아우르게 되었다. 그런 '대학내일'에서 한국을 살아가는
20대의 자화상을 깊이 있게 연구해 보기로 했다는 것이다. 특
히 사회와 대중으로부터 점점 자리를 잃어가는 힘없는 20대
를 지켜내고 싶었다고 한다.

대학을 졸업한 20대에게 일자리가 제공되던 호시절도 분명
있었겠지만 나 역시 대학을 졸업하고 사회로 나와 보니 '경제

박진수 대학내일 20대 연구소 소장

위기'라는 단어나 '일자리 부족'이라는 현실이 누구에게나 당연한 일이 되어 있었다. 경력자들조차 해고 조치되던 암흑기에 아무 경력이 없는 20대에게 일을 주는 회사는 그리 많지 않았다. 어쩌면 오래 전부터 '경험이 부족한' 20대는 사회로부터 '방치'되어 왔는지도 모른다.

IMF 외환위기 직후인 1999년 7월에 청년 실업률이 11.5%로 역사상 최고조를 찍었다. 이후 경제 회복으로 점차 낮아지다가 안타깝게도 지난 2015년 2월 마침내 IMF 위기 당시의 수준(11.1%)으로 다시 상승했다고 한다. 물론 여기에 고시준비생과 아르바이트생 등을 감안하면 실업자 통계는 더 높을 수도 있다. 게다가 신규 취업자들도 통상 다섯 명 중 한 명은 1년 이하의 계약직으로 출발하고 있다. 위기인 것이다.

> "언론 미디어를 통해서 많이 소개가 됐지만 현재 20대들이 '과연 그럴 여유가 있느냐'라고 묻는다면 답은 이렇습니다.
> 삼포세대라든가 88만원 세대와 같이 20대들을 지칭하는 용어에 서처럼 이들은 고립되어 있고 소외되어 있어요."
> - 박진수 소장(대학내일 20대 연구소)과 인터뷰 중에서

그가 20대들을 직접 만나고 그들의 고민을 들어주는 동안 알게 된 점은 평범한 일상 속에서도 '20대의 고립과 소외'를 흔히 찾아볼 수 있었다는 것이었다. 가족들과 같이 밥을 먹지도 못하고 친구들과 어울려 놀기도 쉽지 않아 자꾸 다음으로 미루는 것에는 다 이유가 있었다. 실제 20대들의 삶은 우리의 상상 이상으로 '파편화' 되어 있었고 그들은 학점이나 스펙관리에 쫓겨 외로운 삶을 살아내고 있다고 했다.

20대의 가장 큰 고민은 취업이라고 할 수 있겠지만 그 다음으로 큰 고민은 놀랍게도 '생존' 그 자체였다. 어디서 잠을 자고 무엇을 먹을 것이며 어떻게 살 것인지에 대한 생존의 문제가 20대들에겐 견딜 수 없는 큰 무게로 다가와 있었다.

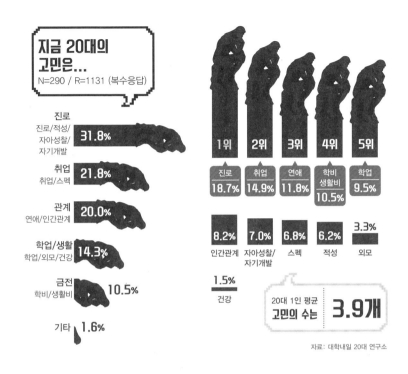

자료: 대학내일 20대 연구소

"현재 20대들에게는 생활비 고민이 정말 큰데요. 아낄 수밖에 없는 게 결국 주거겠죠. 저희도 깜짝 놀랐습니다.

소위 인재라고 불리던 지방 출신의 학생들은 고시원이나 고시텔처럼 한팔 간격, 양팔 간격보다 안 되는 곳에서 생활하는데요. 스펙을 위해 기업들에서 주최하는 대회활동 같은 것에도 참여해야 하는데 생활비가 없으니까 계속해서 알바도 해야 되고……."

– 박진수 소장(대학내일 20대 연구소)과 인터뷰 중에서

만약 오늘을 살아가는 20대에게 열정과 에너지가 부족하다고 비난한 적이 있다면 다시 한 번 그들의 삶에 관심을 가져야 한다. 그들은 고립되었거나 무관심에 방치되어 있을 때가 많다. 누군가는 이런 청년들에게 필요한 것은 대화를 나눠줄 '어른들'이라고 했는데 이는 그냥 하는 말이 결코 아니다. 20대가 간절히 멘토를 찾고 강연을 들으러 가는 이유 역시 단순히 격려와 관심을 기대해서가 아니라 기성세대로부터 오는 실제적이면서 현실적인 조언을 듣고 싶어서라고 한다. 결국 어디로 가야 하고 무엇을 해야 할지 모르는 까닭이기 때문일 것이다. 청년 실업을 위해 정부가 여러 정책을 내놓는다고 하지만 몇 가지의 대책만으로 근본적인 문제를 해결할 수 없다는 것을 우리는 잘 알고 있다.

단편적인 차원에서의 지원책으로만 끝나지 않게 하기 위해서는 20대들이 진로나 적성을 발견하고 관심사에 대해 어떠한 형태로든 도전할 수 있게끔 기회를 제공해야 한다. 즉, 정부 정책에 맞춰 마련된 대기업 인턴시험에 합격해 몇 달간 직장인의 모습으로 살아낸다고 해서 근본적인 해결책이 되는 것은 아니라는 점이다.

"20대가 아닌 분들의 표현으로는 20대의 가장 큰 고민이 취업이
다, 라고 하지만 이것은 당연한 말이면서도 틀린 말이에요.
그들과 조금만 이야기해 보면 이 친구들의 머릿속에는 취업보다는
내가 나중에 무엇을 하고 살 것인가, 또 어떤 걸 하면 제일 즐겁게
살 수 있을까, 행복하게 살 수 있을까, 이런 고민을 하고 있어요."

- 박진수 소장(대학내일 20대 연구소)과 인터뷰 중에서

우리 시대의 20대들은 답을 찾고 있다. 내가 진짜 행복하게
살기 위해서는 무엇을 해야 하는지, 그것이 '단순한 직업은 아
닐 것이라는 생각'과 함께 '그럼에도 불구하고 돈을 벌어 이
위기의 순간을 탈출해야 한다는 생각'이 공존하고 있다. 주변
의 시선에 쫓겨 취업에 성공한다 하더라도 행복한 삶에 대한
고민으로 끊임없이 갈등하면서 다시 한 번 더 철저한 고립에
빠지게 된다는 것이다.

취업이 아닌 진로의 고민

지난해 10월 한국경영자총협회가 전국 405개 기업을 대상으로 한 조사에서 대졸 중소기업 신입사원의 1년 내 퇴사율이 31.6%로 집계됐다. 대기업 신입사원의 11.3%보다 3배 가까이 높은 수치다. 세 명 중 한 명은 그렇게 바라던 취업에 성공하더라도 1년 이내에 스스로 사표를 쓰는 것이다. 이런 통계에 대해 전문가들은 '임금이 상대적으로 적고 근로조건이 열악하기 때문'이라고 결론짓는다. 하지만 그게 사실일까.

아직 사회진출을 하지 못해 스스로 빈곤층으로 전락해 버렸음에도 여전히 고민에 빠져 있는 이유, 취업에 성공해 직업을 갖고 돈을 벌기 시작했지만 스스로 박차고 그곳을 뛰쳐나오는 이유, 그것은 진로 그 자체에 대한 고민일 경우가 더 많기 때문이다.

노동구조가 가진 구조적 모순이 중소기업의 노동환경을 열악하게 만들고 이것이 우리 20대를 실업자로 만든다는 결론을 낼 수도 있다. 이런 결론에 대해서 우리 사회는 심각한 고민을 해볼 필요가 분명히 있다. 하지만 이렇게 생각해 보자.

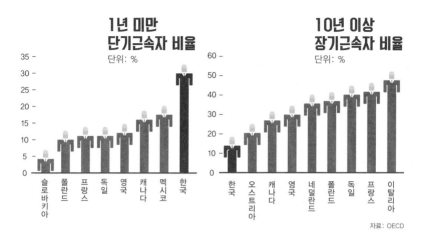

**1년 미만
단기근속자 비율**
단위: %

**10년 이상
장기근속자 비율**
단위: %

자료: OECD

20대 청춘이 스스로 무엇을 원하는지 모르고 무엇을 꿈꿨었는지 알지 못해 방황하고 있는 것이라면……. 사회는 어떻게 그들을 도와야 할까.

대학이 목표였던 청춘은 대학에 진학한 이후 학교와 선배로부터 이런 조언을 받는다고 한다.

"대학교 1학년이 되면 일단 학점을 잘 따놔야 되니까 학점 잘 주는 수업을 열심히 들어라."

"대학교 2학년 때부터는 대외활동 같은 것을 좀 해야 된다."

"대학교 3학년 때는 교환학생 정도는 갔다 와야 되는 거 아니냐."

"그리고 4학년 때부터 취업준비 하면서 토익점수 만들고 그 다음에 자격증 좀 따라."

높은 실업률로 인해 구직자들로 북적이는 취업박람회장

잠깐 다시 생각해 보자.

이것이 과연 나 개인을 위한 인생의 조언이었을까.

이런 원칙이 취업가이드나 진로가이드가 될 수 있을까.

어쩌면 스펙을 만드는 가이드,

이력서를 채우는 가이드는 아니었을까.

대학생들이 학교에 바라는 점은 학문적 탐구와 더불어 전
공분야 안에서 다양한 경험을 갖는 것이라고 한다. 다수의 경
험을 통해 스스로를 발견하고 더 나아가 진로를 발견하는 것,
단순히 취업이란 목적을 위한 시간이 아닌 스스로에게 기회
를 열어주는 경험, 때로는 앞뒤 가리지 않고 무모하게 도전해

보는 것, 그렇게 뜨거운 시간을 보내길 간절히 원한다고 했다.

누가 나의 진로 찾기를 함께해 줄 수 있을까. 아무리 SOS를 쳐보아도 그 어떤 도움도 받지 못한 20대들이 자신의 꿈과 진로를 찾다 결국 미로 안에 갇히게 되었다. 이들을 지켜야 하는 이유는 단 한 가지다. 이들이 우리의 미래이기 때문이다.

행복한 사춘기
행복한 '취준생'
행복지수 1위
덴마크에서 찾다

고민해도 좋아,
고독하면 더 좋아

"창의적인 사람의 작품에 나타나는 아주 재미있는 특징 하나는
그 작품이 시간이 지남에 따라 변하는 방식이다.
창의력이 뛰어난 사람은 자신의 작품에 절대 만족하지 않는다.
하나의 작품을 완성하고 난 후에 한동안 우울증을 겪다가 다음
작품을 시작하고 나서야 그 우울증에서 벗어나는 일이 흔히 있다.
내가 볼 때 창작 능력은 '고립상태에 있는 개인의 발달'에
다른 무엇으로도 얻을 수 없는 기회를 제공하는 듯하다."

- 앤서니 스토, 《고독의 위로》중에서

심리학자 앤서니 스토Anthony Storr는 청춘을 위로하는 다음
과 같은 한 마디 말을 남겼다.
"인간의 거의 모든 불행은 고독할 줄 모르는 데서 온다."

질풍노도라 불리는 시기에 방황을 일삼던 사춘기 아이들

은 바빠서 '혼자 고민할' 시간을 갖지 못했다. 집에서 학교로 또 학원으로, 분 단위로 잡혀 있는 계획에 맞춰 살아야 했기 때문에 '삶은 무엇일까'라든가 '인생의 가치는 어디에 있나'처럼 앞으로 살아가는 데 있어서 중요한 힘이 되어줄 철학적 고민에 대해서도 미루고 미룰 뿐이었다. 아니, 고민할 기회조차 없었다. 그리고 어느 날 대학에 진학한 뒤 300만 원의 예산을 들여 15일간 '정체성'에 대한 고민을 해결하기 위해 청춘들은 해외여행을 떠난다. 새로운 장소에서 미지의 사람들과 어울려 인생의 고민을 끝내고 돌아올 것이라고 장담한다.

하지만 사실 그런가? 모두가 그렇지는 않겠지만 생각보다 많은 청춘이 '여행자 코스프레'를 단기 코스로 끝내고 한국으로 돌아오기도 한다. 고민에 빠져 있는 듯 연출된 몇 장의 사진을 SNS에 올리고 나면 정체성에 대한 고민은 다음 나이로 유보되어 밀려 나간다. 그리고 다시 바쁜 삶은 시작될 것이다. 겪어보니 영어는 회화 위주로 배웠어야 한다며 다시 학원 등록을 하고 몇 주간 무리했던 카드 값을 메우기 위해 더 많은 아르바이트를 할 수도 있다. 그런 그들에게 필요했던 것은 패키지 상품이 아니라 어쩌면 '혼자만의 고독한 시간'일 수 있다는 것을 여전히 깨닫지 못하고 있다. 잠깐이라도 고독에 잠기려면 '스따(스스로 왕따)'라거나 '아싸(자발적 아웃사이더)'라며 예외의 사람으로 취급하고 분류하기에 다시 행복한 가면을 쓰고 관계 안으로 뛰어 들어갈 수밖에 없다.

인간관계가 행복을 결정짓는다는 사회의 통념은 사실일까. 그룹으로 함께 공부하고 어울려 취업 준비를 하려는 이들은 '고독한 청춘'이라는 아름다운 단어와 분리되어 있다. 사회적 연대와 소속감을 갖기 위해 취업하고 싶었던 적은 없었을까. 혼자 남겨졌다고 느껴지는 고독한 하루가 견딜 수 없어 사회가 만들어놓은 인간관계-직장이라고 통칭할 수 있는-에 집착했던 것은 아니었을까. 그리고 그 관계를 맺지 못한다면 루저 즉, 실패자가 되는 것일까.

불행에 빠진 한국의 취업준비생을 취재하다가 문득 세계 어딘가에 행복한 취업준비생도 있을 것이란 기대와 궁금증으로 조사를 시작했고 그렇게 발견한 국가가 바로 덴마크였다. 560만 명의 인구가 살아가는 조그만 나라이며 해가 비치는 날이 연중 50여 일에 불과하다는 북유럽의 덴마크는 천연자원도, 관광지도 딱히 없어 한국인들에게는 인기 좋은 곳이 아니었다.

"나는 누구일까?

나는 무엇을 원하는가?

나는 무엇을 잘 하는가?"

이 세 가지 질문은 덴마크 교육 과정의 시작이다.

선택적 고독의 장소, 에프터스쿨

덴마크의 수도 코펜하겐Copenhagen에서 그리 멀지 않은 외곽 도시 프레데릭스베르Frederiksberg에 노랫소리가 가득한 한 학교를 찾았다. 제작진이 처음 이 학교에 관심을 갖게 된 이유는 '에프터스쿨After School'이라는 학교 이름 때문이었다. 에프터스쿨 혹은 에프터스콜레Efterskole라고 불리는 이 학교는 천편일률적인 커리큘럼이 학생들의 특수성을 배려하지 못한다는 문제인식에서 1980년대 초에 탄생했다고 한다. 덴마크의 교육 체제는 학령기 이전교육(pre-school education), 기초교육(basic education), 후기 중등교육(upper-secondary education), 고등교육(higher education)으로 구성되어 있는데 의무 교육기간인 기초교육은 1학년에서 9학년까지 이루어지며 선택적으로 10학년에 진학할 수 있다. 10학년은 성숙을 위한 기간이자 앞으로

[에프터스쿨 - Efterskole]
공립학교를 졸업하거나 재학 중인 8~10학년 학생들이 1년 동안
교육과 진로를 보충하며 인생을 설계하는 학교

덴마크의 K 에프터스쿨

교육받을 기회를 적절하게 선택할 수 있도록 준비하는 기간
으로서 이 시기에 에프터스쿨 진학이 이루어진다.

에프터스쿨의 가장 큰 특징으로 기숙사 생활을 하면서 자
유롭게 들을 수 있는 수업을 꼽을 수 있는데 수업 자체가 학
생들의 취미 생활과 비슷해 보였다. 아이들은 친구들과 깊은
우정을 나누며 음악, 체육, 수공예, 자연 및 생태 등의 특정 영
역을 경험하고 자신이 무엇을 좋아하는지 탐구하는 데 관심
을 가졌다. 자유로운 수업을 통해 학생들은 자신의 흥미와 관
심을 심화시키는 것은 물론 다양한 사회적 경험을 통해 인간
적으로 성숙해질 수 있었다.

고민을 위한 고독의 학교

덴마크 사회는 진로를 찾지 못한 청소년들에게 직업을 가질지 공부할지에 관해 시간을 정해놓고 결정하라고 요구하지 않는다. 기숙사 학교에서 아무런 목적 없이 고독을 즐길 수 있도록 충분한 시간과 장소를 제공할 뿐이다. 함께 기숙사에서 생활하는 교사들은 언제든 아이들과 대화하며 그들의 고민을 들어준다. 조금 '우울해' 보이는 아이들의 표정에 대해 평가하거나 진단하려 들지 않는다. 다가올 때 귀를 기울여 주는 것이 전부일 뿐이다.

연극 연습실에 들어가 열여섯 살의 시모나와 나쟈에게 왜 이곳에 왔느냐고 물었다.

시모나 필레워스틴
16세 / K 에프터스쿨 학생

"완전히 불확실하다고 이야기
할 수는 없지만 내가 하고 싶
어 하는 일이 진짜 하고 싶어 하는 일인지 알아보고 싶었어요.
내 자신이 누구인지 자기성찰을 생각해 보고도 싶었죠.
그리고 다른 친구들을 만나보고 싶었고요."

　　　　　 - 시모나 필레워스틴(16세 / K 에프터스쿨 학생)과 인터뷰 중에서

나쟈 델고 핸슨
18세 / K 에프터스쿨 학생

"제 인생에서 무엇이 중요한지
아직 잘 모르겠어요.
그래서 기숙사 학교를 생각했죠.
사회성도 배우고 싶었고 뭔가 발전하고 싶었어요.
스스로 뭔가를 해나가면서 어른이 되어간다는 것을 느끼고 싶은
것도 이유이고요."

　　　　　 - 나쟈 델고 핸슨(18세 / K 에프터스쿨 학생)과 인터뷰 중에서

고독에 빠진 아이들은 또래 친구들이 고독의 시간을 즐기는 것을 보며 위로받는다. 낯선 친구들과 우정을 쌓아가는 법을 배우고 서로의 고민을 존중하며 협력이라는 것을 배운다. 학교의 목적은 이와 비슷한 것이라고 교사들은 대답해 주었다.

리케 프란슨
K 에프터스쿨 교사

"학교의 목적은 학생들이 스스로 발전하도록 하는 것입니다. 그들은 사회성을 개발하기 위해서 이곳에 오기 때문이죠. 우선 자기 자신이 누구인지 더 알고 싶다는 생각, 성장을 하고 싶은 마음 등등, 대부분이 자신 내면의 생각을 알고 싶어 이곳에 온답니다."

　　　　　　　　　　　- 리케 프란슨 교사(K 에프터스쿨)와 인터뷰 중에서

우리가 취재했던 K 에프터스쿨 교사 리케 프란슨 씨는 이어 이런 말을 덧붙였다.

"한국하고 덴마크의 교육체계는 매우 다릅니다. 덴마크는 하고 싶어 하는 일로 바로 쫓아가지 않습니다.

학업을 시작하는 순간부터 끝날 때까지 그 사이에는 아주 많은 자기개발이 있습니다.

내가 누구인지, 다양한 사람들과 잘 어울려 작업할 수 있는지 경험으로 알아야 하죠.

각각의 학생들이 중점적으로 생각하는 교육은 모두 다르고

학생들은 타인과 공동체 생활을 하면서 협력을 배웁니다."

- 리케 프란슨 교사(K 에프터스쿨)와 인터뷰 중에서

덴마크 에프터스쿨은 전국에 260여 개 정도가 있는데 그 중 상당수가 전원마을에 위치해 있어 자연과 더불어 지내면서 충분히 고민하고 고독할 수 있다. 아이들은 자신도 몰랐던 '나'를 만나는 것이 기쁘다고 했고 이런 소중한 추억을 가질 수 있어 행복하다고도 했다. 고민해서 행복한 열여섯 살, 고독할 수 있는 열여섯 살의 하루가 부러웠다.

공부를 잘한다는 것은

노래를 잘 부르고

뜀박질을 잘하는 것과 같다

인재의 기준을

어디에 둘 것인가

스스로
결정하게 하라

"자기의 일은 스스로 하자, 알아서 척척척 스스로 어린이!"
1990년대에 초등학교를 다녔던 사람들에게는 익숙한 노랫말이다.
당시 국내 유명 학습지 광고에 나오는 노래였기 때문인데,
그로부터 20여 년이 지났다.
과연 현재의 우리들은 '자기의 일은 스스로' 하고 있을까.
"다들 잘 결정하고 계십니까?"

덴마크의 면적은 한반도의 5분에 1밖에 되지 않고 인구도 우리보다 적다. 크기를 대략 따져보면 경상도 정도라고 하는데 덴마크에 덧붙여지는 수식어 중 하나가 '세계에서 가장 행복한 국가'다. 그런 덴마크의 특징을 몇 가지의 단어로 정리하자면 이렇다.

자유, 안정, 평등, 신뢰, 이웃 그리고 환경.

모두가 아름다운 말이다. 전혀 현실적이지가 않다. 그리고 솔직히 이런 단어가 사회와 가정, 학교와 기업 안에 어떻게 녹아 있는지 며칠간의 취재로는 도저히 다 알 수 없었다.

눈을 돌려 덴마크의 교육현장을 주목해 봤다. 거기엔 눈에 띄게 다른 점이 있었다. 행복한 사회를 만들 수 있었다는 교육현장으로 가 우리와의 차이는 무엇일까 찾아보기 시작했다.

고등학교 진학을 앞둔 열다섯 살 티아의 가족들

열다섯 살 티아는 얼마 전 초등학교 9학년이 되면서 고등학교 진학을 두고 큰 고민에 빠져 있었다. 덴마크 고등학교는 인문학을 배우는 인문고등학교와 다양한 기술을 배우는 기술고등학교, 그리고 장사를 배우는 상업고등학교 이렇게 크게 세 가지로 분류된다. 학교를 선택하는 기준은 '무엇으로 돈을 벌 것인가'라는 질문이 아니라 '나는 어떤 사람인가, 어떤 삶을 살 것인가'에 대한 질문과 고민이었다. 답을 얻으면 '어떤 직업을 가질 것인가'는 쉽게 결정된다. 인문고등학교에 진학해 교육대를 졸업한 후 고등학교 교사로 있는 티아의 엄마와 코펜하겐 대학교에서 생물학연구원으로 일하는 아빠는 티아의 진로문제에 대해 '스스로 결정할 일'이라고 선을 그었다.

라스 안드래아슨
티아 아버지

"이건 제 생각이지만 능력을 키우는 것이 딸들에게 중요하다고 생각해요.
그것이 어떤 능력이든 자신의 능력을 실현하는 것이 가장 중요합니다. 그리고 그 능력을 장점으로 만든다면 저는 딸들에게서 만족함을 느낄 겁니다."

- 라스 안드아아슨, 티아 아버지와 인터뷰 중에서

자신의 적성에 맞는 고등학교 진학을 위해 현장체험을 다니고 있는 티아

제작진이 티아의 학교를 방문했을 때 티아는 방과 후에 인
문고등학교 현장체험을 다니고 있었다. 일주일 동안 인문고등
학교 수업을 직접 받아보고 이것이 흥미로운지 스스로 테스
트할 시간을 갖는 것이었다. 고등학교 선배들과 한 팀을 이뤄
그 주간의 프로젝트에 참여하고 함께 문제를 해결하기 위해
노력해야 하는데 그런 과정이 성적으로 평가되지는 않았다.

덴마크 학교는 초등학교 교육 9년간 단 한 번도 성적표를
발급하지 않는다. 시험점수로 1, 2등 줄을 세우는 일은 결코
하지 않는다는 뜻이다. '줄 세우기'식 평가가 옳지 않은 이유
중 하나는 공부를 잘하는 것이 노래를 잘 부르거나 뜀박질을

중요한 것은 사람들이 함께 이야기하는 것이고 같이 답을 찾는 것입니다

인문고등학교 수업에 참관 중인 덴마크의 청소년들

잘하는 것과 같은 특기의 하나일 수는 있지만 인재 평가의 기준은 아니라는 그들만의 이유 때문이었다.

나는 누구일까, 라는 질문에서 시작하라

초등교육(덴마크의 기초교육) 이전 학교를 '학령기 이전교육'이라고 부르는데 여기에서부터 아이들은 '자아성찰'이라는 조금 무거운 과제를 가지고 교육받는다. '나는 누구일까'라는 질문을 끊임없이 하도록 격려하고 그 답을 찾아가는 과정이 곧 교육이 된다. 무엇을 잘하는가를 탐구하고 알아내는 것이 중요할 뿐 공부를 잘해야 좋은 것이라는 잣대는 없다. 학업 능력에 대한 차별은 사라지고 서로를 인정하는 개성이 남게 된다. 그런 학교생활에서 학생들은 서로를 비교하거나 저울질하지 않는다.

학생의 발달과정을 지속적으로 관찰하기 위해 담임교사는 특별한 이유가 없다면 가르치던 학생을 계속해서 교육하고 관리할 수 있다. 또한 학교 안에는 지역사회와 연계된 진로 상담교사가 상시 배치되어 있어 학생들이 진로에 대해 고민을 할 때 이야기를 함께 나눈다. 이것이 가능한 이유는 학생 개인에 대한 충분한 데이터를 공유하고 있기 때문이다. 담임교사의 지속적인 관찰을 통해 축적된 방대한 정보는 교사와 부모, 진로 상담사와 교장에까지 연계된다. 한 학생의 미래를 위한 진지한 고민이 학교 안에서 전 방위적으로 이어지는 것이다.

티아가 다니는 학교의 한 후미진 방에서 60대 할아버지 한 명을 만날 수 있었는데, 그는 자신의 인생 경험을 바탕으로 아이들의 진로를 함께 고민해주고 미래를 격려하는 일을 하고 있다고 했다.

오브 가이힐
64세 / 진로 상담사

"저는 청소년들이 자신의 상황에서 어떤 교육을 받아야 하는지 알려주는 진로 상담사로 일하고 있습니다.

단순히 진로 방향만 알려주는 것이 아니라 어린 친구들이 무엇을 하고 싶은지 정확하게 요점을 잡아줍니다.

왜냐하면 모든 사람이 자신에 맞는 교육을 받아야 하기 때문이죠."

– 오브 가이힐(진로 상담사)과 인터뷰 중에서

덴마크 진로교육의 중심은 지역사회에 있으며 대상은 연령을 구분하지 않는 전 국민이라고 할 수 있다. 어린이부터 중등교육과 고등교육을 끝낸 청소년까지도 진로교육을 받을 수 있다. 어디 그뿐인가. 대학을 졸업하면 실업수당을 주면서 사회로의 진입을 유예시켜준다. 천천히 스스로의 행복을 찾아내라고 시간을 주는 것이다. '무엇을 하며 행복하게 살고 또 즐겁게 일할 것인지'에 대한 고민이 시작된 그때, 40대든 50대든 상관없이 진로 상담사와 대화를 나눌 수 있으며 언제든지 다시 시작할 수 있다. 제작진이 취재하는 동안 우연히 알게 된 한 기업체의 이사는 62세가 된 아내가 교육자가 되기 위해 최근 교육대학에 진학했다는 이야기를 전해주기도 했다. 진로의 전향이 가능한 이유는 시스템적인 지원 때문이겠지만 개인의 선택을 존중하는 사회적 이해 덕분이기도 하다.

> "한 사람의 행동이 다른 사람의 의지에 종속되는 것보다 더 무서운 것은 없다"
>
> － 임마누엘 칸트

근대철학의 아버지라 불리는 임마누엘 칸트Immanuel Kant가 강조하던 핵심적 메시지 중 하나는 '인간은 능동적 존재'라는 것이다. 인식은 물론, 행위에 이르기까지 어떤 생각을 하고 어떤 선택을 하든지 인간은 능동적 존재이다. 누군가는 직관적 또는 감성적으로, 외향적 또는 내향적으로 생각하고 인식하지만 시간과 공간을 통해 얻어진 경험으로 인해 각 개인은 자신만의 '인식의 형식과 능력'을 갖추게 된다. 그러므로 대상이 비록 청소년일지라도 그들의 행동결정을 인정하고 존중해줘야 한다는 것이다. 이는 교육의 주체자인 교사와 부모들에게 큰 의미로 다가간다.

칸트의 철학 이론을 가져와 다시 적용한다면 단언컨대 인간은 처음부터 끝까지 능동적인 존재로 규정돼야 하고 이것은 교육현장에서 더욱 절실해진다. '그것이 어떻게 가능한가?'

를 되묻는 칸트의 비판철학이야말로 개인의 개성을 존중하고 인정해야 하는 출발점이 된다. 누구나 경험을 재료로 삼아 인간 지성의 능동적·자발적 능력을 키워야 하며 이로 인해 어느 것에도 의지하지 않고 감히 '스스로 생각하는(Sapere Aude)' 주체가 될 수 있다.

칸트가 남긴 '직관 없는 사유는 공허하고 개념 없는 직관은 맹목적'이라는 말의 의미에 공감한다면 교육자들은 학생들이 더 많은 경험을 할 수 있도록 배려하고 그들의 직관을 존중해야 한다. 또한 지성의 능동적 활동에 의한 개념이 갖춰지도록 '시간을 주고, 기다려줘야' 한다. 개념을 완성한 뒤 경험과 직관으로 사유하고 결정할 수 있도록 도와주어야 한다.

'개인의 경험을 통해 스스로 선택'할 수 있도록 기회를 제공하는 덴마크의 교육철학은 개인에게 무한한 가능성을 열어둔다. 부모는 결코 자녀의 미래를 마음대로 결정할 수 없다. 명령은 더더욱 안 된다. 진로의 개발에는 정해진 틀도 없고 우리가 알고 있는 성공의 패턴과 반드시 일치하는 것도 아니기 때문이다. 개인은 누구나 자시만의 개성 속에서 자발적으로 능력을 개발하고 성장할 수 있으며 결국엔 적절한 장소와 공간에서 사회적 인재로 성장할 수 있다.

처음 고백하는

우리들의 꿈에 대해

열렬한 격려와 갈채를

진로교육은
직업교육이 아니다

혼날 때 이런 말을 들었다.

'넌 도대체 커서 뭐가 될래?'

무슨 대답을 해야 할지 몰라 우물거렸던 이유는 이것이다.

'잘못했어요'라는 말은 쉬웠지만 '무엇이 될까'의 답은 나도 몰랐기 때문이다.

　　진로 결정과 직업 선택은 서로 다른 말인데, 우리는 이것을 통틀어 '꿈'이라고 부른다. '넌 커서 뭐가 되고 싶어?'라는 말에서 단답형의 대답을 기대하는 것이 얼마나 어리석은 일인지, 다른 나라의 사람들이 살아가는 방식으로 인해 더욱 절실하게 알게 되었다.

저는 초등학교 과정이 끝나면
일 년간 여행을 하고 싶어요

미래를 생각하며 무엇을 하면 좋을 지 고민도 하지만
스트레스 받을 일까진 아니에요

**하고 싶은 일에 대해 다양한
생각을 갖고 있는 덴마크 학생들**

"나는 좋은 사람이 되고 싶어요."

"친구랑 잘 지내는 사람이 되고 싶어요."

이런 대답은 아름답다. 처음 고백하
는 이들의 꿈에 대해 열렬한 격려를 보
내야 한다. 그리고 이런 대답도 좋다.

"나는 요리하는 게 좋은데요."

"나는 뭔가를 고치는 게 좋아요."

하지만 이런 대답에 주의해야 할 것이 있다. "우리 애는 요
리하는 게 좋대요, 요리사가 될 건가봐." 어느새 부모는 아이
의 꿈에 대해 서술형이 아닌 단어로 규정한다. '요리사'라고.
"우리 애는 고치는 게 좋다는 걸 보니까 공대에 가야 해요."
이제 일곱 살이 된 아이는 '공대생'이라는 꿈을 꾸기 시작한
다. 아직은 잘 모르지만 우리 애가 그걸 해야 한다고 부모는
이야기한다.

중학교를 다니는 아이들에게 진로교육을 해야 한다며 교

사는 숙제를 내준다. '직업의 종류 20가지를 조사할 것.' 부모는 인터넷을 뒤지고 지식인에게 묻는다. 그리고는 백여 가지의 직업이 쏟아져 나온다. 부모는 이것을 복사하거나 인쇄해 자녀의 노트에 붙이며 자꾸만 묻는다. "너는 이중에서 뭐가 되고 싶어?" 백여 개의 직업이 전부라고 생각하는 자녀들은 정확히 알지 못하는 직업들 사이에서 부모의 적극적인 권유로 한 가지 직업을 고르고 그날로부터 꿈이라고 믿게 된다. 참으로 비극적인 일이다.

지금 한국 사회에서 가질 수 있는 직업은 대략 만여 가지가 된다고 한다(※ 2012년 기준 한국 직업사전에는 11,655개가 등록되어 있다). 그중 백여 개의 직업 안에서 꿈을 정했다면 나머지 만여 개의 직업에 대해서는 과연 누가 꿈을 정하고 준비하게 될까. 이것은 단지 직업에 대한 이야기가 아니다. 꿈은 직업이 되어서는 안 되고 진로교육은 직업교육이 아니라는 의미다.

흔들리는 청년, 흔들리는 대학교육

대한민국 대학 진학률이 80%를 넘었다는 뉴스를 접했다.

대학 진학이 꿈으로 가는 길이란 것을 의심하지 않고 성장해 온 한국 아이들은 그렇게 대학에 가 있다. 대학 울타리 안으로의 진입이 목표이자 꿈이었다는 사실을 증명하는 수치가 열 명 중 여덟의 아이들에게 나타나 있는 것이다.

하지만 솔직해져 보자. 대학에 왜 진학하는가. 꿈의 직업에 진출하기 위한 전 단계로 취업교육을 받기 위해, 소위 '스펙'을 위한 한 줄의 기록을 위해서가 아닌가.

한국 대학이 가지고 있는 모순들을 찾아내 일일이 열거할 수는 없지만 경험을 통해 알 수 있는 점은 나 역시 '어떤 직업인이 되어 일할 것인가'로 꿈을 정한 뒤에 그에 맞는 적절한 대학과 학과를 결정하고 목표로 삼아 열심히 달려왔다는 것이다. 하지만 대학에 진학한 후 그곳에서의 교육이 내 궁금증을 해소시켜 주지 않는다는 진실과 마주했다. 방송작가가 되기 위해 필요했던 실제적인 교육은 방송사에서 아르바이트를 하면서부터였을 것이다.

유영만 한양대학교 교육공학과 교수

"대학이 취업사관학교로 바뀐다고 하잖아요.

취업을 준비하는 쪽으로 과목도 바뀌고 모 대학은 취업에 직접적

인 도움이 되지 않는 인문학 같은 걸 없애고,

실용 중심으로 취업에 도움이 되는 부분을

단지 기술적인 측면에서만 가르치려다 보니

취업 중심으로 과목 및 학과가 변경되고 있는 것입니다.

그러다 보니 대학의 기능도 상실되고 있다고 생각합니다."

– 유영만 교수(한양대학교 교육공학과)와 인터뷰 중에서

 하지만 학생 모두가 취업을 목표로 대학에 들어가지는 않을 것이다. 학문 자체에 대한 심화된 연구, 토론하고 대화하기를 즐기며 인문학적 사유라는 대학 본연의 기능을 체험하길

원할 수도 있다. 이런 학생 개인의 차이에 대해 대학은 솔직해 질 필요가 있다. 이곳에서의 교육과정이 무엇이고, 어떤 대상을 위한 것이었는지에 대해 미리 공개해야 한다.

최근 한국의 대학에는 구조조정이라는 세찬 바람이 몰아치고 있다. 취업을 기준으로 학과와 학교를 평가하고 이 결과를 통해 학과의 존폐를 결정하는 것이다. 학과를 완전히 없애는 폐과, 다른 과와 합쳐져 테두리가 커지는 학과 통폐합, 이두 가지 모두 학생 개인이 원하는 결론은 아니다.

방송 취재를 하는 동안 학과 통폐합이라는 학교의 일방적인 발표를 개인 통보도 아닌 대학 홈페이지 '공지'란에서 확인해야 했던 학생들과 인터뷰할 수 있었는데 그들은 학교로부터 심한 불쾌감과 배신감을 느꼈다고 했다. 좋은 선생님이 되기 위해서 중앙대학교 청소년학과로 진학했던 희정씨는 자신의 심정을 짧게 이야기했다.

"그저 절망적인 게 많이 컸던 것 같아요.
너무 큰 벽에 부딪힌 느낌이었어요.
'아 내가 교사가 될 수 있을까?'라는 생각이 들고
많이 좌절했던 것 같아요."

학교 홈페이지와 대학 신문에 짧은 몇 줄의 글로 올라온 폐과 통보에 대해 학생들은 불안해하고 있었고 피해자이자 당사자인 학생들과 왜 의논하지 않았는지 궁금하다고 했다. 어떤 과가 사라질지, 아니면 어떤 과가 폐과 대상에 올라와 있는지, 혹은 폐과라는 위기를 극복할 방법은 과연 없는 것인지 알고 싶다고 했다.

> "왜 폐과를 시키는지 이유를 정확히 알려주고
> 어떤 근거로 이 과가 경쟁력 없다고 판단했는지
> 그런 이야기를 해줘야 하는데 늘 하는 말은 취업률······.
> 대학이라는 곳이 '과연 취업을 위한 곳인가'란 생각이 들더라고요."
>
> – 중앙대학교 민속학과 학생과 인터뷰 중에서

만약 대학이 취업률을 기준으로 평가받는 직업교육기관이 되어 '취업사관학교'로 변한다면 많은 비용과 노력을 지불하면서까지 다녀야만 하는 절대적인 목표가 되어야 할까, 자문해볼 필요가 있다. 물론 대학 졸업장이 구체적인 직업을 얻기 위해 꼭 필요한 자격증이라거나 취업을 보장해주는 시스템을 가졌다면 인정해 줄 수 있다. 하지만 지금의 대학이 '겉으로는' 학문적인 배움과 연구의 장소며 교육과정 그 자체를 목표

2014년도 4년제 대학 어떤 학과들 없앴나?

(2014학년도 4년제 대학 대상)

예체능
11.5%

인문
38.5%

공학
17.3%

%
수도권

자연
9.6%

의약학
0%

사회
23.1%

의약학
1.2%

예체능
17.6%

인문
24.7%

공학
18.8%

%
지방

자연
10.6%

사회
27.1%

자료: 강은희 새누리당 의원실

2010~ 2015학년도 학과통폐합 건수

1,320건

자료: 대학내일 20대 연구소

로 하고 있다고 말하면서도 '속으로는' 취업률로 평가받는 취업준비 교육기관의 역할을 해야 한다는 것이 큰 문제이다.

대학에 들어갔다고 해서 대학이 학생의 취업을 책임져주는 것도 아니다. 뿐만 아니라 대학이 학생 개인에게 '진로교육'이나 '진로 상담처'로서의 역할을 해줄 것이라고 기대했다면 이것은 완벽한 오해다. 의사, 간호사를 양성하는 의대와 같은 몇 가지 경우를 제외한다면 대학교육은 결코 직업교육이 아니며 진로교육기관은 더더욱 아니다.

그렇다면 다시 처음으로 돌아와 질문해야 한다.

"당신의 꿈은 무엇인가요?"

"당신은 누구인가요?"

"당신은 무엇을 하고 싶나요?"

"사회 어떤 분야에서 돈을 벌고 싶나요?"

질문 속에서 답을 찾아야 한다. 나의 길을 찾아서 한 발 걸어갈 때 결코 목적지가 대학이어서는 안 된다. 이 이론에 동의한다면 당신은 이제 NCS에 대해 받아들일 준비가 된 것이다.

행복한 미래를
상상할 수 있게 만들어주는 학교
'다음'을 향해 나아갈 수 있는
원동력을 만들어주는 곳
덴마크의 교육현장을 만나다

'현장'을 경험하면
다음 세상이 기다리고 있다

'테크니컬 컬리지(Technical College)'라고 불리는 덴마크 기술학교는
젊은 시절에 받아야 할 교육이라는 의미를 담아
'청년교육(Youth education)'이라고 부른다.
이것은 의미 있는 말이다.
청년의 시절에 왜 이런 '기술교육'이 필요한가를 무게감 있게
알려주는 말이기 때문이다.

나와 꽤 오랜 시간 함께 일해 왔으며 훌륭한 동지가 된 한
다큐멘터리 PD는 '기술을 배우고 싶어' 방송 일을 하게 됐다
고 고백한 적이 있다. 영상을 메모리에 저장해주는 카메라 사
용법은 특별한 기술 중 하나로 보였으며 그렇게 찍어낸 영상
을 컴퓨터 앞에 앉아 잘랐다가 다시 붙이는 '편집' 과정도 숙
련된 기술자의 것으로 보여 매력을 느꼈다고 한다. 방송제작
현장이 어떤 메커니즘으로 구성되어 있는지, 또 얼마나 섬세

하고 수고로운 시간으로 채워져야 하는지 전혀 몰랐지만 아주 어렸을 때부터 '기술자가 돼라'던 엄마의 말씀을 따라 어느날 텔레비전 속으로 들어와 버렸다고 말했다. 그렇게 기술을 배우는 일은 생존경쟁에서 우위에 오를 수 있을 것이라는 꽤 설득력 있는 목표가 됐다.

덴마크의 고등학교는 인문학교와 상업학교, 기술학교로 나뉘는데 상업학교 학생들은 시장이나 상점과 같은 현장에서 실제 근무를 하며 일을 배우고 있었다. 특히 덴마크 코펜하겐의 한 시장을 방문했을 때 총 4년간의 정육 일을 배우고 있는 열여덟 살의 청년을 만났고, 생선장수 교육을 받으며 생선을 팔고 있는 열일곱의 대니얼을 만났다. 아버지를 따라 낚시를 다니면서 흥미를 느끼기 시작했다는 대니얼은 부모님과 선생님의 추천으로 상업학교에 들어와 '생선장수 교육'을 받고 있다. 하지만 생선 파는 일을 배운다고 해서 생선가게 사장이 되는 것을 꿈꾸는 것은 아니다. 수산물에 관한 일을 하면 재미있을 것이라고 막연히 생각했을 뿐, 아직도 진로를 찾아가는 과정에 있다고 말했다.

수산물 관련 현장교육을 받고 있는 대니얼

대니얼   낚시를 즐겨 다녔는데 3년 전쯤에 문득 수산물에 관한 일을 하면 재미있을 것 같다는 생각이 들었어요. 저는 지금 '생선장수 교육'을 받고 있는데 내년 3월이면 교육과정이 끝나요.

제작진   지금 자신이 하고 있는 일에 만족하나요?

대니얼   행복하죠. 정말로 좋아요!
가장 좋은 것은 이 일에는 도전할 수 있는 것이 많다는 점이에요.

한 번 생각해 봤다. 수산물에 관련된 일을 한다고 하면 한국의 부모들은 어떤 진로를 만들어줄까. 학과는 해양학과 정도로 잡고 대학은 가능하면 서울에 있는, 혹은 지방의 명문대로 생의 계획을 끝냈을 것이다. 그 다음을 생각해 보자. 중학교를 졸업하고 당연히 인문 고등학교에 진학해 학원도 다니고 과외도 하면서 열심히 공부했고 꿈에 그리던 명문대학교 해양학과에 진학했다고 한다면, 그는 어떤 공부를 하게 될까. 해양생태계를 비롯한 환경 문제와 배타적 경제수역 등의 외교 문제를 다룰 것이고 자원 개발에 관한 산업과 경제 가치를 연구할 것이다. 그 후 아이가 할 수 있는 직업군에는 무엇이 있을까. 조금 더 공부해서 연구원이나 교수로 진학할 수 있다면 부모는 매우 기뻐할 것이다. 꿈을 이루었다고. 하지만 이것이 아이의 꿈이었나?

수산물과 관련된 일은 여러 가지가 있다. 생선을 알루미늄 캔에 담아 밀봉해 판매하는 식품업종에서 일할 수도 있고 이 사업을 이뤄내기 위해 생선을 고르고 마진율을 계산해 납품하는 유통업자가 될 수도 있다. 아니면 배를 타고 바다로 나가 생선을 잡을 수도 있고 맛있는 생선요리를 하는 요리사가 될 수도 있다. 다양한 진로 개발을 위해 대니엘은 첫 번째 선택을 했다. 상업학교에 진학해 3년간 생선장수 교육을 받으며 생선 파는 일을 배우기로 한 것이다. 왜 그랬을까. 아마도 생선을 직접 만지면서 다양한 이름과 종류, 생태를 배우고 싶었을 수도 있고 현장에서 어종과 현장 등을 확인하고 싶어서였을 수도 있다. 하지만 그 안에는 또 다른 이유가 있다. 책상에 앉아 책을 보며 공부하는 것보다는 직접 뛰어다니고 물건을 팔면서 공부하는 것에 더 많은 '재미'를 느껴서,였을 것이다. 이 방식이 대니엘에게는 더 잘 맞는 교육방식이었을 것이며 그가 즐길 수 있는 일이었을 것이다.

다양한 교육현장의 덴마크 젊은이들

대니엘은 상업학교를 다니면서 생선가게에 나가 직접 물건을 팔고 있다. 고객들이 '이 생선은 무엇을 해서 먹나요' 묻는다면 이 생선은 이런 요리에 적합하고, 어떻게 보관하면 좋을지를 대답해준다. 생선에 관한 실제적인 정보를 체득하고 있는 대니엘의 현장교육이 날마다 그에게 많은 상상력을 가져

다줄 것이다. 상업학교에서 3년의 시간이 지나면 다음 단계로 자신의 목표를 정한다. 어쩌면 계속해서 생선을 파는 생선장수가 될 수도 있지만 생선 요리사가 되고 싶을 수도 있고 식품업자가 되고 싶을 수도 있다. 아니면 더 많은 공부를 해서 해양 생태계를 지키는 연구원이 되고 싶다며 대학에 진학할 수도 있다. 후기 중등과정이나 고등과정에서 상업학교를 졸업했다고 해서 대학에 진학하지 못할 이유는 전혀 없다. 오히려 상업학교에서 배운 지식과 기술이 대학 진학을 돕는 좋은 경력이 될 것이기 때문이다.

기술학교가 인재교육이 되는 이유

또 다른 이야기를 해보자. 덴마크의 기술학교는 어떤 교육 체계를 가지고 있을까.

제작진은 덴마크 앨버스룬Albertslund에 위치한 C 기술학교를 방문했는데 학생들은 다양한 전공으로 나누어 기술을 배우고 있었다. 학교에서 가장 인기 있는 전공은 전기 기술과 대장장이 기술, 벽돌공과 목수 일이었다.

목수 전공 수업에 참관했을 때 학생 중에 몇은 나무로 지은 집 지붕 위에 올라가 있었고 몇은 아래에서 설계 도면을 보고 있었다. 함께 집을 짓고 있었지만 학생들은 조금씩 다른 취향을 가지고 수업에 참여하고 있었다. 지붕 위에 있던 고등학교 2학년 알렉산더는 자신의 취향을 잘 알고 있었다.

"저는 한군데에 오랫동안 앉아 있질 못해요.
그럴 바엔 지붕 어딘가에 올라가서 일하는 것을 택할 거고
아마 목수 일을 시작할 거예요.
이렇게 한 1년 정도 일을 한 후에야 그 다음을 생각해 볼래요.
항상 다른 일이 생길 수 있고 그때마다 내가 다시 무엇을 선택할 수 있으니까.
하지만 그 전까지는 목수 일을 할 거예요."

반면 아래에서 도면을 보고 있던 학생은 설계하는 것이 재미있다며 건축대학에 진학하는 것으로 다음 단계의 진로를 결정했다고 했다. 지붕 위의 학생과 지붕 아래의 학생이 이곳 학교에서 나무로 집을 짓는 기초기술을 같이 배우고 경험했지만 두 사람의 인생은 다른 목적지를 향해 나아갈 것이다. 두 학생은 자신의 적성이 무엇이며 어떤 것이 즐거운지 알게 되었기 때문에 다음 단계에는 무엇을 할지 정할 수 있었다.

**현장에서 필요한 직무 능력을
습득 중인 덴마크 학생들**

학생 개개인이 결정했다는 진로에 관한 이런 의미 있는 고백은 모든 전공 분야에서 모두 들을 수 있었다. 과연 이들이 17세, 18세의 청소년이 맞는지 귀를 의심할 정도였다. 대장장이 기술을 배우지만 예술가의 꿈을 키우는 여학생이 있었고 당장 취업해 대장장이로 일하고 싶다는 남학생이 있었다. 대장장이 기술 교육은 총 4년인데 취업을 원하는 학생들은 학교를 다니면서 취업에 성공해 졸업하기도 전에 현장에서 필요한 실무교육을 병행하고 있었다. 이런 과정은 학생들 스스로 현장이 요구하는 직무 능력을 갖추게 했다. 꼭 필요한 실무를 습득하는 과정이었으며 진로를 개발해가는 아이들을 위한 '진짜 인재 교육 현장'이었다.

기술교육이 곧 청년교육

덴마크 사회에서는 '테크니컬 컬리지(Technical College)'라고 불리는 기술학교를 젊은 시절에 해야 할 교육이라는 의미를 담아 '청년교육(youth education)'이라고 부른다. 이것은 의미 있는 말이다. 청년 시절에 이런 교육이 왜 필요한가를 무게감 있게 알려주는 말이기 때문이다.

덴마크에 이런 학교가 약 150여 개 있는데 16~18세 사이의 학생들이 다양한 기술교육을 받을 수 있도록 기회를 제공한다. 중등교육 과정을 끝낼 때 자신의 진로를 고민하는 학생들은 스스로 다음 학교를 정하게 되는데 놀랍게도 전체의 50퍼센트 학생들이 바로 이 기술학교로 진학한다.

학생들이 이런 기술학교를 신뢰하게 된 데에는 교사들의 역할이 크다. 실제 우리가 방문했던 기술학교의 교사들은 학생들이 어떻게 하면 실제와 같은 직업현장에서 일을 배우고 경험할 수 있도록 할 것인지 고민하고 있었다. 직업현장처럼 재현된 학교 안에서 실무교육을 받은 뒤 실제 기업에서 바로 일할 수 있도록 다양한 노력을 기울여왔다.

"학생들이 기업에서 일할 때 제가 직접 기업에 찾아가서 학생들의 멘토를 찾습니다. 그리고 학생들이 더욱 발전할 수 있는 부분이 무엇인지 물어봅니다. 그것을 확인하고 학교에 돌아와서 선생님들에게 우리 교육의 부족한 점을 알려주죠.
이런 게 모이면서 더욱 발전해 나갈 수 있어요."

　　　　　 - 스테인 도스모스(덴마크 CPH 기술학교 컨설팅 담당)와 인터뷰 중에서

　학생들은 기업현장에서 만난 멘토와 인연이 되어 바로 취업해 직업을 가질 수 있는데 직장이 곧 다음 단계 교육을 위한 체험 장소이며 훈련 기관이 되는 것이다. 결국 실제 기업현장에서 자신의 직무능력과 관심사 등을 파악해 진로를 개발해갈 수 있게 된다. 그리고 이 교육 시스템이 대학교육을 받을 수 있는 자격을 부여해 준다.

　기술학교가 청년교육이라는 또 다른 이름을 갖게 된 이유는 기술교육이 청년들의 진로 개발과 밀접한 관계를 맺고 있으며 실제 취업과도 연결되기 때문이다. 학교에서의 교육이 기업과 일터 등 현장과 연계되어 있으므로 학생들은 그곳에서 자신의 미래를 상상해볼 수 있다. '이것이 나와 맞는 일인가'라는 질문은 성적순으로 주어지는 것이 아니다. 청년 누구나 도전해 경험하며 자신을 발견할 수 있는 기회를 얻어야 한다.

스틴 곤른 핸슨 C 직업학교
대장장이 교사와의 인터뷰

제작진　자기소개를 해주세요.

스틴　제 이름은 스틴 곤른 핸슨입니다. 57살이고 대장장이 교사입니다.

제작진　대장장이 교육은 학생들에게 어떻게 진행되나요?

스틴　각각의 학생들은 자신만의 다른 분야에서 대장장이 기술을 사용하고 싶어 하죠. 대장장이 분야를 졸업하려면 4년이 걸립니다. 예술 아카데미를 다니다가 혹은 졸업하고 이곳에 온 학생도 많이 있는데 그런 학생들은 자신이 만들고 싶어 하는 것을 더 잘 만들기 위해 이곳에 옵니다. 꼭 알아야 하는 기술들을 배우고 익히기 위해 기술학교에 있죠.

다시 말해 이곳에서 대장장이 기술을 배운다고 해서 꼭 대장장이가 돼야 한다는 것은 아닙니다.

제작진　그럼 대장장이 기술이 예술 아카데미 교육이라는 것인가요?

스틴   아, 꼭 그렇지도 않아요.

예술 아카데미는 대장장이 기술과는 전혀 다른 분야
입니다. 하지만 대장장이 교육은 이후에도 다른 교육
을 받거나 진학하는 데 필요 성적이 될 수 있습니다.
예를 들어 엔지니어로 진학할 때 알고 있으면 장점이
된다는 뜻이죠. 다음 교육의 진학에 좋은 부분을 차
지합니다.

제작진   학생 스스로가 자신이 이 다음에 무엇을 해야 할지
정해야 한다는 뜻인가요?

스틴   그렇죠. 맞습니다. 그리고 학생들은 학교에서 배우기
도 하지만 취업한 후 현장에서 배우기도 하는데요. 학
교에서는 강의실에 앉아 이론에 중점을 두고 컴퓨터
로 공부하며 작은 작업실에서 배운 이론들을 한 번
경험해 볼 뿐이지만 직업현장에 가면 더 많은 것을
경험할 수 있어요.

제작진   수업을 어려워하거나 힘들어하는 학생들은 어떻게 하
나요?

스틴   수업에 나오는 이론을 어려워하는 학생들을 위해서

보조수업이 따로 있습니다. 학생들 스스로 학교에 보조수업을 부탁할 수도 있기 때문에 진도를 맞추거나 졸업할 수 있도록 많이 도와줍니다.

제작진 선생님 생각으론 이런 기술교육이 왜 중요한지 말씀해주실 수 있나요?

스틴 사회에선 배울 수 없는 기초지식을 이곳에서 배울 수 있기에 기술학교는 중요합니다. 교육이라는 것은 다방면에서 필요한 과정입니다.

고등학교로 진학하는 학생들은 고등학교를 졸업해야 하는 진로를 선택한 것일 뿐이죠. 자신들이 원하는 진로로요. 문학적이지 않거나 책을 통해 이론을 습득하는 방식을 싫어하는 학생들은 이곳에 와서 몸으로 직접 체험하며 배워나가는 것입니다.

인재는 무엇으로
평가하는가
성공은 무엇으로
평가하는가

덴마크 인재교육
'성공자 전략'

"다시 말해 성공한 사람이라는 말은
자신의 적성에 맞는 분야를 찾아낸 사람이라는 뜻입니다."

- 피터 크리스티안스(C 기술학교 교감)와 인터뷰 중에서

나의 꿈은 라디오 PD였다가 소설가로, 변호사였다가 현모
양처로, 탐험가였다가 사회복지사로 정처 없이 흘러 다녔다.
흥미로운 일이 참 많았고 배우고 싶은 것도 매일 늘어났다. 솟
구치는 자신감과 근거 없는 배짱으로 뭐든 하고 싶었고 할 수
있을 것 같았다. 백일장에서 상을 받았을 때는 작가가 돼야겠
다고 했고 옳고 그름을 구별하며 말대꾸로 따박따박 나를 변
명할 때 엄마는 '변호사가 돼라'고 조언했다.

직업이 곧 꿈이라는 단순한 등식을 적용해 단어로 미래

를 정의하던 어느 날, 문학작품에 대해 깊이 탐구해 보고 싶은 욕심을 갖게 된 것은 도전적인 가치를 중시하면서도 다양한 사회현상에 대한 반감이 가슴 깊은 곳에서 생겨나기 시작되면서다. 사회 문제에 대한 적대감이 빗발쳤고 전쟁이나 기아에 대한 공포가 쏟아졌다. 맞서고 싶은 것이 많아지자 불평이 늘어났고 무엇인가 자꾸 '해결'을 하고 싶어졌다. 이런 나의 복잡한 감정은 수학시간에 예기치 않게 해결되었다. 방정식을 배우던 첫날 교과서에 적혀 있는 한 문장에서 묘한 두근거림을 느꼈다. '방정식은 어떤 문자, 혹은 미지의 수가 특정한 값을 취할 때에만 성립하는 등식'이라고 했으며 그 미지의 수를 'X'로 부른다는 말- 나는 당장 그 X의 값을 찾아 떠나고 싶어졌다. 이것만이 내가 지금 해결할 수 있는 문제였고, X라는 범인을 찾아내고 싶어졌다.

내 앞에 닥쳐 있는 (전혀 나와 상관없는 사회 문제들이었지만) 무거운 문제를 풀 방법이 없던 나는 한 줄의 방정식을 풀며 짜릿한 승부욕을 채웠다. 어쩌면 현실을 다른 식으로 외면하고 싶은 나름의 방식이었을 수도 있지만 그날로부터 나는 불평을 감추고 눈을 흘기던 오만한 아이가 아니라 수학과 문학을 동시에 좋아하는 독특한 학생이 됐고 수학 시간을 즐긴 까닭에 모범생의 범주 안에 들 수 있었다.

아이들이 학교수업에 몰입하게 만드는 덴마크 교육의 힘

　덴마크에서 중요하게 생각하는 과목은 수학이나 과학, 언어 영역이 아니다. 이런 것으로 모범생을 구분하는 일은 결코 없다고 한다. 사실 덴마크 교육에서 수학, 과학, 언어 영역이 요구하는 실력의 평균은 한국보다 낮았는데 그저 세계 평균 수준을 유지하는 것에 만족하고 있었다. 더 놀라운 점은 다른 분야에 대한 교육적 가치- 사회적인 기술, 곧 '사회생활 면'에 대해서만큼은 매우 높은 성적을 요구하고 있었는데 이것이 덴마크의 행복지수를 높이는 이유라고 했다.

티에슨 추후순
덴마크 교육부 국장

"어쨌든 궁극적인 문제는 똑같 아요. 실업률을 해결하기 위해 학교 학과목의 균형을 어떻게 잡느냐예요. 하지만 지금의 문제가 지속된다면 한국 사회는 인재를 잃게 되는 위험이 있습니다. 최근 직업을 구하기 위해 유럽을 찾는 한국인들이 많아지고 있어요."

- 티에슨 추후순(교육부 국장)과 인터뷰 중에서

현재 유럽연합의 국가 중에 상대적으로 낮은 실업률을 가진 국가는 덴마크, 독일, 네덜란드 그리고 오스트리아 정도다. 네 개 국가의 공통점은 '기술전문교육시스템'에서 찾을 수 있다. 이 시스템의 첫 번째 특징은 학교 교육과정을 통해 학생의 능력을 극대화시킬 수 있는 기술이 무엇인지 발견하고 그 기술로 취업을 연결시켜주는 것이다. 이러한 시스템이 가능했던 이유는 학교와 기업이 '인재교육'의 좋은 파트너가 될 수 있다는 발상 아래 학교와 회사가 일종의 계약관계를 가지고 있었기 때문이다. 학교에서 교육을 받으며 계약된 기업으로 현장실습을 가는 학생들은 바로 그 기업이 원하는 인재로 성장해

갈 수 있기 때문에 기업으로서도 나쁜 일이 아니다.

두 번째 특징은 기업과 학교, 그리고 사회 안에 '고용'을 담당하는 기관이 취업하고자 하는 사람들에게 제공하는 지원이다. 결국 노동시장에 변화가 오더라도 구직자와 고용주가 한 장소에서 앞으로의 취업시장 변화에 어떻게 적응할 지에 대해 의논할 수 있는 시스템이 갖춰져 있다는 것이다.

'높은 교육'이 '차별의 이유'가 될 수 있는가

한국과 덴마크의 차이는 바로 이 지점에서 시작된다.

봉건적 계급사회를 유지하는 동안 우리의 교육은 유교적인 사상이나 예절에 관한, 인문학적인 교육이 주를 이루어왔다. 물론 여기에도 계급적 차이가 존재해 상위 계급은 철저하게 인문학적 교육을 받았으며 평민이나 천민과 같은 하위 계급은 기술교육을 받았다. 기술을 배우는 것에 대한 부정적 개념은 어쩌면 우리 역사 속에 내재되어 있는지도 모른다.

한국의 현대 교육은 아직 한 세기를 채우지 못했다. 우리 사회에서는 여전히 지식을 습득하거나 높은 단계의 교육을 받는 것이 상위계층에서 이루어지는 명예로운 일이라 여겨 공부를 많이 하면 할수록 교육을 많이 받으면 받을수록 더 나은 대우를 받을 것이라는 고정관념에 사로잡혀 있다. 더욱 안타까운 것은 이러한 인식이 사회적으로도 실제로 적용되고 있다는 불편한 현실이다.

반면 덴마크는 오랫동안 대학 수준이 아닌 기술전문학교, 상업학교 혹은 직업전문학교 등 중간 단계 수준의 교육이 실천돼왔으며 이것이 효율적으로 적용돼왔다. 다시 말해 학생들이 '대학교에 진학할 수 없기 때문'이 아니라 대학 외의 '다른 선택권들이 많이 있었기 때문'에 가능했다는 것이다. 또한 이를 가능케 하는 사회적 인식이 전제되어 있음은 물론이다.

차별을 막는 덴마크의 시스템 '가이던스Guidance'는 진로상담사가 해온 역할이기도 하다. 하지만 진로상담사 개인의 의견이 아니라 국가적으로 정해두고 있는 체계이기 때문에 어떤 학생이 특정 진로를 선택해 커리어를 키워나가고 싶어 할 때 어떻게 해야 하는지 가이던스가 설명해주므로 학생들은 '이것을 위해 이것을 공부하자', '이것이 필요하니 이곳에서 배우자'와 같은 방식의 이론에 맞춰 성장해갈 수 있다. 이 가이던스가 '높은 교육 수준이 주는 차별'이 사회 속에 생성되지 못하도록 방어해온 결과 사회적 차별마저 날려버렸다.

최근 한국 정부가 추진하고 있는 'NCS'는 덴마크 사회가 갖춘 차별 방지를 위한 시스템 '가이던스'와 그리 다르지 않다. 먼저 학생 스스로가 진로를 개발하고 결정하도록 도와야 하고 가이던스에 맞춰 인재로 성장해가도록 모든 과정에서 '진로개발지도'가 완성되어야 할 것이다. 그리고 해당 시스템이 잘 정착할 수 있도록 많은 전문가가 나서서 함께 도와야 하겠지만 다음 세대가 누릴 미래를 위해 하루라도 빨리 시작해야 한다는 사실도 부인할 수 없다.

물론 덴마크는 우리와 다른 역사를 가지고 있다. 하지만 두 국가 전부 교육을 중요시했다는 점에서 우리도 행복한 사회에 대한 기대감을 가질 수 있다. 영국 총리 토니 블레어가 처음으로 노동당에 들어갔을 때 강조한 점은 '교육, 교육, 그리고 또 교육'이었는데 여기서 '교육이란 평생 받아야 하는 것이며 무엇을 하든 그것은 교육활동의 연장이어야 한다'라는 메시지를 읽어낼 수 있다. 결국 대학이든 공립이든 혹은 기술학교든 '모든 학교는 공평'해야 한다.

덴마크 사람들은 큰 도시든 작은 시골마을이든 사는 위치와는 상관없이 교육은 모든 사람의 일부라고 말한다. 그리고 이렇게 교육을 인생의 일부로 삼은 지 이미 100년이 넘었다고도 했다. 대학교를 다니는 학생이든 혹은 그 이하의 교육을 받았던 학생이든 전혀 상관없이 교육은 그들의 전통이었다.

피터 크리스티안스
'C' 기술학교 교감

"우리 학교에는 모든 사람이 성공할 수 있다는 '성공자 전략'이 있습니다. 만약 어떤 학생이 자신의 전공에서 어려움을 느끼고 수업을 따라가지 못하고 있다면 자신에게 맞는 적성을 찾을 수 있도록 다시 한 번 도와주는 것입니다.

다시 말해 성공한 사람이란 자신의 적성에 맞는 분야를 찾아낸 사람을 가리킵니다."

- 피터 크리스티안스(C 기술학교 교감)와 인터뷰 중에서

필요 없는

스펙 준비

경쟁력 없는

취업준비생

가면을 벗고
나를 찾아라

"자기 인생의 의미를 모르는 사람은 불행하다.
그럼에도 인생의 의미를 알 수 없다는 확신이 사람들 사이에 너무
나 넓게 퍼져서 사람들은 인생의 의미를 알려 하지 않는 것을 지혜
를 자랑하듯이 자랑한다."

- 블레즈 파스칼

학교교육을 받은 적은 없지만 숫자를 사랑해서 독학으로
13세에 삼각형의 원리를 깨닫고 16세에는 유체평형의 파스칼
원리를 깨달은 블레즈 파스칼Blaise Pascal은 19세가 됐을 때 세
무 일을 하는 아버지를 위해 계산기를 발명하기도 했다. 파스
칼은 프랑스의 가장 훌륭한 수학자로 칭송되었지만 그를 부르
는 또 다른 명칭으로는 '명상가'가 있다. 깊은 사유의 끝에 남
긴 명상의 결과물은 후대에 남겨져 우리를 가르치고 있다. 파

스칼 자신은 뛰어난 지식을 뽐내었지만 지식이 지혜를 능가해 초월할 수 없다며 지식이 부족한 대중을 격려해주었다. 39세에 짧은 생을 마감한 그는 과연 인생의 의미를 깨달았을까, 궁금하다. 파스칼은 인간을 생각하는 갈대라고도 했고 모든 피조물 중에 가장 나약한 존재라고도 했는데 그가 살아나서 우리 시대의 청춘들을 보면 어떤 말을 했을까 생각해본다. 인생의 의미를 찾으려 하지 않으면서 왜 나약함을 자랑하고 있냐고 화를 내지는 않을까. 아니면 넌 우주보다 위대하니 용기를 내라고 할까.

인재혁명이라는 타이틀을 두고 제작된 다큐멘터리는 '인재란 무엇인가', '인재는 무엇으로 평가하는가'를 지나 '인재를 어떻게 키워낼 것인가'로 중심이동을 해가고 있었다. 다양한 이론과 가설들을 세우고 실제 현장들을 취재하면서 다양한 계층의 인재들을 만나볼 수 있었는데 그중 가장 먼저 주목했던 대상은 대학생이었다. 성실하게 공부하고 자신의 능력을 키워왔다는 대학생들은 '학식과 재능을 갖춘 시대의 인재'라는 보편성 결론에 적합한 대상이었다. 대학 졸업예정자와 졸업유예자, 취업준비를 하는 이들을 한자리에 모이게 했다.

- S대 'K' (25살/경영학과 졸업유예)
- H대 'C' (24살/경제학과 졸업유예)
- I대 'K' (25살/사회복지학과 휴학)
- K대 'S' (24살/경제학과 4학년 재학)
- S대 'S' (24살/미디어학과 4학년 재학)

　　우리는 작은 공간에 빼곡히 앉아 카메라 몇 대를 세워놓고 이야기를 시작했는데 몇 가지 질문을 채 던지기도 전에 금세 논쟁이 뜨거워졌다. 방송에는 내보낼 수 없을 수준의 솔직한 대답들이 오고 가는 동안 청춘들은 마음에 있던 이야기를 털어내며 '극한 고통'을 쏟아냈다.

H대 'C'　　지금 저는 진짜 '취준'을 하고 있거든요.
　　　　　　자소서 쓰고 있는데 몇 번 떨어지고 나니까 솔직히 멘붕이 많이 와요. 멘붕이 오니까 그냥 포기하고 싶다는 생각도 많이 들어요.

S대 'K'　　저 같은 경우에는 예전과 비교해서 대화 주제가 많이 달라졌어요. 1, 2학년 때는 술 먹고 재밌게 얘기하는 게 전부였는데 어느 새부터인가 친구들 만나면 대화 주제가 거의 취업, 이런 거더라고요.

취업준비생이 걱정하는 당면과제는 취업에 필요한 서류 작성에 관한 것이었다. 학교와 학점은 달라질 것이 없다고 해도 자신의 이야기를 정리하는 '자기소개서'는 어떻게 쓰느냐에 따라 달라질 수 있으므로 첫 번째 주제는 자소서가 되었다.

I대 'K'   얼마나 전체적으로 잘 표현했나, 그런 걸 보는 것 같은데 문제는 300자, 500자로 정리해야 하니까, 그게 어려워요.
         짧은 글에 얼마나 잘 표현했나, 구미를 끌어당기는 식으로 쓰는 게 요즘 트렌드인 것 같아요.
K대 'S'   어떻게 보면 면접관들이랑 밀당 아닌 밀당을 자소서로 하고 있는 것 같아요.
S대 'S'   자기소개가 솔직히 거짓말은 아니지만 가면 쓴 상태의 나를 보여주게 되어버리니까, 그런 것 같아요.

자기소개서는 이력서보다 더 큰 스트레스를 주는 숙제라고 했는데 문제는 솔직한 자기 이야기를 할 수 없어서일 수도 있다. A4용지 몇 장으로 구성된 문장 속에서 내가 누구이며 무엇을 꿈꾸며 어떤 삶을 살고 싶은지 다 써내기는 쉽지 않다. 솔직하게 말해 그렇게 쓰는 글이 진심이었는지 모르겠다고 한다.

S대 'S'   그런 자소서를 쓸 때 내 것을 감추기도 하고 만들어
          내기도 하고 끌어오기도 하고…….
          여기만 바라보며 커왔고 지금도 난 여기만 보고 있다,
          이렇게 써야 하는데 이 내용을 모든 회사에 다 써내
          야 하잖아요.
          나한테는 처음 들어보는 회사일 수도 있는데…….
          뭐하는 데인지도 잘 모르겠는데…….

　　자신을 소개하는 몇 장의 종이가 취업의 당락에 큰 영향
을 미친다고 결론내린 취업준비생들은 무엇으로 자신을 홍보
해야 할지 정답을 알고 싶어 했다. 몇몇은 이것을 위해 강의도
들었고 책을 사서 읽기도 했지만 아직 자신의 이야기를 다 서
술하지 못했다. 취업이 보장되기만 한다면 전문가에게 돈을
지불해서라도 자기소개서를 갖고 싶은 것이다. 절박하지만 답
을 찾지 못한 이유는 자기 스스로에게 있다고도 얘기했다.

S대 'K'   저희 학교 수업에서 했었는데
          제일 중요한 건 스스로 나 자신을 잘 알아야 하는 것,
          그게 제일 중요한 거 같아요.
          그걸 모르고 하다보면 중구난방이 되어버리고

I대 'K'	스펙도 약간 일관성이 있어야지 중구난방으로 여러 개 하면…….
K대 'S'	제가 중구난방이잖아요.

서로의 문제를 털어놓는 동안 이야기는 대학 본질에 대한 문제로 전환됐다. 대학에 들어가기까지 얼마나 힘들고 고된 시간을 보냈는지 서로의 고생담을 경쟁하듯 이어갔고 이것은 대학에 와서 겪었던 실망감으로 이어졌다. 대학 입시와 수능이 목표였던 수많은 날들에 대한 보상이라고 하기엔 만족이 적었던 터다.

S대 'S'	대학은 사실 취업하기 위한 수단인 것 같아요.
K대 'S'	우리나라의 고질적인 문제 같은데 들어갈 때는 턱걸이가 높고 입학한 다음부터는 좀 편하고.
S대 'S'	대학은 그냥 취업사관학교예요.
I대 'K'	취업사관학교라고 보기에는 너무 실력이 떨어져요. 너무 떨어지고……. 내가 대학생이긴 하지만 사실 대학에 꼭 가야 하는 건 아닌데……. 대학 와서 배웠다고 하는 건 시각이 넓어졌다 하는 정도?

S대 'K' 업무적인 측면에서 인정해줄 만한 엄청난 임팩트가
        있다, 이렇게 말하기엔 우리나라 대학 현실이 그렇지
        는 않은 것 같아요.

K대 'S' 사실 저는 어렸을 때부터 경제를 좋아해서 경제학과
        만 보고 컸는데
        대학에 와서 막상 배우는 것은 고등학교 때 배웠던
        경제과목에서 조금 나아진 수준?

경제학을 전공하고 있는 S의 로망은 그렇게 거대한 것이 아
니었다고 한다. 대학 강의실에서 친구들과 교수가 자연스럽게
섞여 앉아 경제의 이슈를 토론하는 것, 각자의 생각을 주장하
고 비판하면서 이야기를 나누는 것이었다고 한다. 어쩌면 그
때 교수가 끼어들어 S가 주장하는 경제학적 발상이 유명한 경
제학자 누구의 이론이라고 설명해준다면 더없이 아름다운 상
상이 될 것이다. '대학'에서 공부한다는 것은 책으로 공부하는
경제학이 아닌 이런 로망의 실현이 아니었을까.

K대 'S' 물론 있긴 해요. 동아리나 스터디 통해서 잠깐잠깐
        하는데 내 대학생활이 그런 로망들로 가득 차 있을
        줄 알았는데 오히려 다른 걸로 가득 차 있더라고요.

어떻게 보면 다들 가니까 나도 가야겠다는 생각으로
대학에 온 거고 일종의 정규교과과정이 되버린 듯한.
중학교나 고등학교처럼 당연히 가야 되는…….

I대 'K' 옛날 고졸시대가 지금의 대졸시대.

그런데 지금 대졸은 졸업 후 아무것도 아닌 게 될 수
도 있는 상황.

H대 'C' 문제는 대학교를 졸업하고 나왔는데 투자한 만큼 내
가 거두지 못하는 거예요.

나는 열심히 공부해서 왔는데 보상이 너무 적은 거죠.

　　대학생들은 학기가 다시 시작될 때마다 서로의 신용등급
을 걱정해야 하는 위험한 시간을 보내고 있다. 이것은 분명한
현실이다. 그런 위험을 감수하면서 학교에 나오지만 자신들이
탐구하는 전공이 과연 학문적 욕구를 충족하고 있는지, 혹은
취업을 보장해주긴 하는 건지, 머릿속 가득한 불만족으로 답
답해했다. 이들과의 대화는 긴 시간 이어졌는데 하나둘 스스
로의 생각을 정리하는 듯 몇 가지 결론에 도달했다.

S대 'K' 대학생들도 고민을 많이 해야 한다고 생각해요.

왜 대학에 왔고, 이걸 해서 내가 뭘 하고 싶은지.

H대 'C' 어쩌면 고등학교 때부터 그런 고민이 있어야 할 것 같
아요.
고등학교 때 대학을 선택하기 전에 진로나 꿈에 대한
교육 같은 게 있다면.

S대 'K' 어쩌면 스무 살이 내 인생의 종착점 같아요.

H대 'C' 그게 아닌데. 완전 시작인데.

S대 'K' 맞아요. 아직 4분의 1도 안 살았는데…….

취업에 대한 고통과 대학생활을 통해 경험했던 어려움을 나
열하던 학생들의 뜨거운 대화는 결국 진로와 꿈이라는 주제에
서 끝이 났다. 교육체계가 가지고 있는 모순과 시스템에 대한
불만도 결국은 자신의 재능과 자질이 무엇인지 스스로 발견하
지 못했기 때문에 벌어진 일이라고 입을 모았다.

잘하는 것이 없어서, 혹은 재능이 무엇인지 몰라 공부만 했
다는 슬픈 이야기는 이제라도 '존재의 의미'와 '인생의 의미'를
찾고 싶다는 것으로 2막을 알렸다.

이제는
스펙쌓기 광풍열차에서
과감히 뛰어내려야 할 때

꿈의 스펙에서
제로 스펙으로

"인재라는 것은
어떤 일을 할 때 이 인재가 더 적합한가 아닌가를 판단하는 것이
지 '이 학생이 더 우수하다'처럼 어떤 능력에서 평가하는 것, 이것
은 의미 없다고 생각합니다."

- 조벽 교수(동국대 석좌교수)와 인터뷰 중에서

언제부터 시작된 말이었을까. 백과사전을 뒤져보니 2004년
국립국어원에서 펴낸 신어 자료집에 등록되어 있는 말, 이것
의 정체는 스펙SPEC이다.

스펙은 영어단어 Specification의 줄임말인데 우리 사회에
서는 그 사람이 가진 '이력'이라든가 '능력'을 대신해 쓰고 있

다. 물론 누구나 이미 잘 알고 있겠지만! 소개팅을 하는 경우라면 키, 외모를 포함해 가족관계나 부모님의 재산까지를 포함한 넓은 의미로 사용되고 있으나 직장을 구하는 사람들 사이에서는 '학력, 학점, 토익 점수 따위를 합한 것'을 이르는 말이다. 구직자 자신의 능력을 증명할 수 있는 요소를 포괄적으로 뜻하다 보니 대부분의 기업들은 소위 스펙이라 불리는 이것을 바탕으로 입사지원자들을 평가한다.

다큐멘터리 기획회의 과정에서 우리는 소위 '스펙'에 빠져지내는 한국 사회의 단면을 어떻게 상징적으로 보여줄 수 있을까 고민하기 시작했는데 그 결과 가상의 '꿈의 스펙'을 만들어보기로 했다.

꿈의 스펙과 예상 지출 내역

스펙
9

기본정보

이름: 김스펙 생년월일: 00년 0월 0일

주소: 00시 00구 00동

스펙
1
학력

서울소재 10위권 대학

경영대학 졸업

치아 교정 쌍꺼풀 8,500,000원

등록금(평균치 학기당 633만 원)
4년 8학기 25,320,000원

기숙사비(월 51만 3천 원)
4년기준 24,624,000원

스펙
2
학점

4.1/4.5

스펙
3
토익 및 어학

TOEIC 945점

추정치 – 교재, 학원비, 응시료 3,000,000원

TOEIC Speaking 7급

스펙
4
어학연수

미국 샌디에이고 어학원 6개월

개인사례 – 학비, 숙소, 생활, 항공 16,000,000 원

스펙
5
자격증

컴퓨터 활용능력 / 한국사능력검정시험 / MOS

추정치 – 교재, 학원비, 응시료 578,000원

스펙
6
봉사

해외 봉사 1주일

추정치 – 참가비 활동비 4,700,000원

스펙
7
글로벌기업인턴

개인사례 – 컨설팅 및 현지 비용 33,000,000원

정부기관 해외무역관

스펙
8
수상경력

학교 주최 Creative Marketing Prizs 수상

일간지 주최 경제시험 최우수상

4년간 성적 장학금

가상의 '꿈의 스펙'과 이를 위해 지출되어야 할 비용을 추론해 보았다.
금액 출처는 '청년유니온'과 '대학교육연구소' 등의 자료에 근거를 두었다.

**대학졸업자 1인당
평균 스펙 비용**

단위: 만원, 자료: 청년유니온

2802 등록금

52.7 어학/자격증

475 유학/연수

96.3 사교육비

807 주거

+ 36 기타

4,269만 원

한국 사회에 만연한 스펙은 첫 번째, 학력에서 시작한다. 결국 어느 대학교에 진학할 성적을 갖추고 있었는가가 상징적으로 작용한다. 실제 기업에서는 출신 대학에 대해 순위를 매기고 대학 점수라는 것을 적용하기도 하는데 이것은 졸업 당시 최종 학점과 맞물려 완전한 평가를 이룬다. 여기에 뒤따라오는 세 번째 스펙은 토익을 비롯한 어학실력이었고 네 번째는 어학실력을 바탕으로 한 어학연수였다. 해외 어학원에서 공부하기 위해 1년여 간의 휴학을 단행하고 언어실력 현장성을 키웠다면 금상첨화다. 다섯 번째 스펙은 다양한 분야의 자격증이었다. 한국어, 한국사능력검정시험이나 컴퓨터 활용능력, 간단한 소프트웨어 사용법에 대한 자격증 구비는 기본적인 스펙 요건에 들어간다.

여기까지 다섯 가지 스펙이 기본 스펙이라고 한다면 여섯 번째부터는 추가 스펙이라고 할 수 있다. 최근 유행이 된 봉사 스펙의 경우 국내에서 다년간 이루어진 봉사도 좋지만 국제기구나 국제봉사단체를 통해 단기 해외 봉사를 다녀왔다면 플러스 점수가 있다고 한다. 일곱 번째는 글로벌 인턴기업에서 인턴생활을 경험하는 것인데 이 역시 국제적 행사나 정부 단체라면 더할 나위 없이 좋다. 추가적으로 국내 일간지에서 진행하는 경제시험 등에 참가했다거나 이벤트를 통한 수상 장학금을 받은 적이 있다면 구직자가 가진 창의성, 도전의식, 개성 등으로 해석된다. 마지막 스펙을 덧붙인다면 치아 교정을 비롯한 성형으로 각 기업이 원하는 인재상으로 '페이스 오프'가 되는 단계라고 할 수 있다. 이것이 정말 모두 사실일까.

"기업에서 스펙을 안 보고 스토리를 본다고 하잖아요.
그런데 대학생들이 여전히 스펙 쌓기 광풍열차에서 뛰어내리지 않는 근본적인 이유는 여전히 기업은 스펙을 본다는 거예요."

– 유영만 교수(한양대학교 교육공학과)와 인터뷰 중에서

아홉 가지 스펙을 모두 채우지 못한 '취준생'들을 위해 등장한 것이 완벽한 자기소개서를 통해 면접 점수를 높여줄 '취

"지금 졸업한 지 1년 되어 가는데 학생인 티가 딱 나."

...

"서류 되고 나면 면접도 봐야 되잖아요. 그러면 머리 색깔도 바꿔야 되겠네."

...

"면접에서는 면접용 정장이지. 입사하고 나서 그 옷을 쳐다보지 않을지언정 정장을 입고 가야 되는 거예요. 마치 교복처럼."

W?!

상담자 외모 지적의 예

업 컨설팅' 회사다. 강남권에서 처음 등장하기 시작했다는 취업 컨설팅 회사는 생각보다 많은 금액의 컨설팅 비용을 받고 있었다. 이들의 가장 큰 역할은 적은 스펙으로도 취업이 가능하도록 기업체 입장에서 상담을 해준다는 것인데 사실상 면접 준비와 자기소개서 대필 등이 대표적이다.

구체적인 개별상담이 시작되기도 전에 자칭 전문가들은 취업준비생의 외모에서부터 문제점을 지적한다. 절박한 심정으로 이곳을 찾는 구직자들은 한 마디 조언에도 큰 의미를 두는 듯했다. 제작진이 찾아간 한 취업 컨설팅 회사에서는 전문가의 의견을 잘 듣고 고집을 부리지 말아야 취업이 된다며 필요하면 '과장된 거짓 이력서도 만들어야 한다'고 조언했다.

세계적인 기업에서는 한국에 만연한 스펙주의 이력서에 대해 어떤 의견을 줄까?

제작진은 가상의 꿈의 스펙 이력서를 들고 덴마크의 한 기

한국 청년의 이력서를 살펴보는 채용관계자
(B 기업 연구소, 덴마크 코펜하겐 소재)

업을 방문해 구직자에 대해 어떻게 생각하느냐고 의견을 물었는데, 이들은 먼저 이력서 옆에 기재된 스펙 지출 비용에 대해 매우 놀라는 눈치였다.

　채용관계자는 "자기 돈을 이만큼이나 써요?", "이만큼 돈을 투자하고도 취업이 보장되는 게 아니라고요?" 식의 놀라운 반응을 보이며 이상적 인재는 기본적으로 해당 업무를 잘 수행할 수 있는 사람이지만 학력이나 직무 기술 외에도 이 사람이 조직 환경 안에서 일을 잘할지, 동료를 도와 좋은 업무 환경을 만들 수 있을지에 관해서 기업은 잘 판단해야 한다고 전했다.

스펙을 만들기 위한 지출 비용 문제는 우리 사회의 구조적 위기를 극명하게 보여준다. 덴마크라는 국가에서는 물론 어떤 학생도 그만큼의 비용을 쓰지 않겠지만 이보다 더 큰 문제는 개인에 대한 정보가 지나치게 적다는 것이었다. 구직자가 어디서 일했는지 무슨 학위와 수상경력이 있는지에 대해 초점을 맞춘 것이 아쉽다고 했다. 사실 덴마크의 인력 고용 팀에서 궁금한 것은 이 사람이 어떤 꿈을 가지고 있었으며 어떤 일을 꿈꾸며 살았는지에 대한 구체적인 이야기이고, 실제 대학에서 자신의 꿈을 위해 어떤 학위를 준비했는지 구체적인 논문이 첨부되어 있었으면 좋았을 것이라고도 했다.

직스 소렌스
'밍' 기업 소프트웨어 개발자

"여기서는 개인적인 배경에 대해 더 기술하거든요. 여가시간에 뭘 하는지 대학 다닐 때 학위 프로젝트나 석사 학위 논문의 내용은 무엇이었는지 이 이력서와 오늘 인터뷰에서 짐작해볼 때 한국 학생들은 이력서에 무척 심혈을 기울인다는 느낌을 받았어요. 이력서 자체가 목표인 거죠. 하지만 우리는 이력서를 뽑는 것이 아닙니다. 우리는 사람을 채용합니다."

– 직스 소렌스(소프트웨어 개발자)와 인터뷰 중에서

KBS 1TV를 통해 지난해 12월에 방송됐던 특집다큐 2부작 〈NCS 인재혁명〉의 취재기를 책으로 묶어내면서 〈제로스펙〉이라는 새 제목을 붙인 이유는 바로 이것이다.

스펙 없는 세상을 꿈꾼다고 해서 실력 없는 사람을 찾는다는 것은 결코 아니다. 물론 짐작하고 있겠지만-

우리가 알고 있는 스펙이라는 기준을 펼쳐 놓고 과연 내가 하고자 하는 일에 필요한 스펙인지를 다시 정리해 보자는 뜻이자 사람을 한 줄의 이력서로 판단하지 말자는 뜻이다. 처음부터 다시 출발하자는 것이며, 이전에 가졌던 스펙의 기준을 '0'으로 떨어뜨리고 처음부터 다시 고민을 시작하자는 뜻이다. 또한 학력으로서의 점수가 아니라 직무능력으로서의 평가가 절실해진 때가 왔다는 말이기도 하다.

스펙 없는 세상, 능력 중심의 사회로 변화하기 위해서는 자신의 꿈을 정하고 진로를 개척해가는 단계로의 교육형태 변화가 우선되어야 한다. 이것은 기술교육이 가진 가치와 의미를 알고 잘 활용해야 하는 이유다. 현장교육의 경력을 뒷받침해주는 덴마크의 가이던스가 우리의 NCS라고 한다면, 스펙을 버리고 실력을 갖추는 인재혁명이 일어날 수 있다는 가능성에 분명 동의할 수 있을 것이다.

조벽 동국대 석좌 교수와의 인터뷰

조벽
동국대학교 석좌교수

어떠한 절대적인 기준에서 평가하는 것이 아니라
어떤 일을 하고자 할 때 이 인재가 더 적합하냐 아니냐를

조벽 동국대학교 석좌교수

제작진   인재혁명을 위해 가장 중요한 것은 무엇일까요?

조벽   스펙이 아니라 스토리를 갖추어야 하는 시대가 왔다
는 현실을 직시해야 돼요. 스펙이라는 것은 주어진
몇 가지 한정된 항목에서 서로 경쟁적으로 높게 쌓으
면서 누가 최고냐를 따지는, 즉 베스트만 선정되고 대
다수는 루저가 될 수밖에 없는 불행한 시스템입니다.
필요하지 않은 스펙도 단지 남에게 인정받기 위해서
많은 노력과 재력을 소비해 얻어내야 합니다. 하지만
결과는 비참합니다. 서로 유사한 나머지 경쟁력 없는

취준생이 되어버리지요. 이제는 베스트가 아니라 유니크를 추구해야 하는 세상입니다. 남과 얼마나 다른가를 보여주는 스토리가 있어야 합니다. 바로 유일성이라는 자신만의 경쟁력을 갖추는 것입니다. 그게 인격이고 인품이고 인성입니다. 그 유일함에서 최고의 매력이 발산됩니다.

제작진　그렇다면 스토리를 잘 갖추기 위해서 준비할 것이 무엇인지 조언을 해주신다면?

조벽　스토리는 인생을 제대로 살아야지 가능한 것이죠. 초중고 12년 내내 책상 앞에서 엎드려서 국영수 공부만 하고, 고작 30cm 앞에 있는 책만 보고 일주일 후의 시험만 고민했던 사람은 진정한 인생을 살아보지 못한 사람이지요. 집, 학교와 학원 사이만 오가며 스펙 9종 세트에 올인한 사람들은 거의 같은 스토리를 지녔습니다. 또 하나의 버전이 아니라 자기 나름대로의 비전을 가지고 독창적인 인생을 살아갈 때 창의적인 인생과 창의적인 사고방식이 나오는 것입니다. 그럴 때에 유니크한 스토리도 나올 수 있는 거죠.

제작진	스토리라든지, 창의성, 독창성 다 좋은데 요즘 인재에 대한 기준이 다양하잖아요.
	또한 평가하는 것이 쉽지 않아서 스펙을 보기도 하는데, 이것에 대해서는 어떻게 생각하시나요?
조벽	스토리와 창의성을 평가하는 방법이 현재 없다면 반드시 개발해야 합니다. 학생은 평가 시스템의 결과물이기 때문입니다. 만약에 영어회화를 평가하는 것이 쉽지 않다고 문법만 시험 본다면 학생들은 문법의 도사가 되어도 외국인을 만나서는 입 한번 뻥끗하지 못하겠지요. 그래서 어려웠어도 결국 영어평가의 방향을 회화 위주로 틀지 않았습니까. 우리가 창의적 인재를 원한다면 그에 걸맞은 평가 시스템이 실시되어야 합니다.
제작진	아까 스펙 쌓는 문제에 대해서 교육적 시스템의 문제를 얘기해주셨는데, 스펙만을 쌓는 사회 구조적인 문제를 바꾸기 위해선 어떻게 해야 할까요?
조벽	사회구조가 교육 시스템을 만드니 구조가 변해야 하겠지요. 하지만 사회구조는 사람이 만들어낸 것이니 사람이 지혜롭게 변해야 하겠습니다. 결국 닭이 먼저

나 달걀이 먼저냐의 문제지만 저는 교육자로서 교육 시스템에 초점을 맞추고 싶습니다. 유니크한 스토리를 갖춘 창의적인 인재는 머리만 쓰는 것이 아니라 마음도 잘 쓰는 사람입니다. OECD PISA 연구결과에서 우리 한국 학생이 머리 쓰는 건 세계 최고라는 것이 입증됐지만 마음 쓰는 인성과 관련된 지표는 세계 최하위권이었습니다. 결과적으로 학생들은 머리와 가슴이 분리되어 있다는 것이죠. 생각 따로 마음 따로 분리된 갈등에서 고통 받는 사람은 많고 인재는 없다고 합니다. 저는 합리적인 사람이 인재라고 말합니다. 단, 합리는 머리의 이치와 가슴의 이치가 합쳐져서 이성과 감성, 그리고 논리와 심리가 조화를 이루어 시너지를 빚어내는 융합 상태를 뜻합니다. 이러한 자기조율 능력이 평가되어야 하겠습니다. 그래서 가장 먼저 학생들에게 마음 쓰는 법을 가르쳐주어야 합니다. 그러나 한국 학생들은 죽은 듯이 꼼짝 말고 앉아서 공부만 하라고 강요받죠. 다시 말해 머리는 쌩쌩 돌아가는데, 가슴은 메말라 있다는 거죠. 이제 학생들은 어떻게 자신의 감정을 관리하고, 극대화하고, 긍정적으로 표현하고, 생산적으로 표출하는가를 배워야 합니다. 그래서 사회 전반에 감정에 대한 교육이 절실히 필요합니다.

제작진 사회 구성원들에게 하고 싶은 이야기가 있습니까?

조벽 어린애를 양성하는 교육 시스템이 바뀌어야 합니다. 우리 사회에 어른이 필요해요. 나이 많은 어르신을 통칭하는 말이 아니라 '어른십(ship)'이 필요합니다. 어른이 보여주는 최고의 리더십이죠. 어린애는 받는 존재이며 어른은 베푸는 존재입니다. 자기 혼자 잘 먹고 잘 살겠다고 애쓰는 소인배가 아니라 모두에게 이로운 큰 존재입니다. 어른십을 위해 인성교육이 필요합니다. 하지만 지금 우리 학교에서 인성교육은 뒷전인 게 현실입니다. 학교만의 문제가 아닙니다. 우리 사회에 가정교육이라는 단어 자체가 사라지고 있습니다. 인성이라는 것은 집단지성을 이룰 수 있는 '실력'입니다. 이제는 천재들도 혼자가 아닌 다양한 실력과 재능이 있는 사람들과 함께 어울려서 집단지성을 이뤄내 문제를 해결해나가는 복잡한 세상입니다. 끼리끼리만 어울리는 집단실성의 시대는 끝을 내야 합니다. 집단지성을 이루는 인성이란 실력을 갖추어야 합니다.

제작진   끝으로 NCS에 대해서는 어떻게 생각하세요?

조벽   스펙에서 벗어나서 새로운 시각을 보여주고 있다는 면에서는 좋다고 생각해요. Competence란 '어떤 자격을 갖추었느냐'에서 구체적으로 '무엇을 할 수 있느냐'로 발전한 것입니다. 1990년대 미국에서 시작된 '이력서의 혁신'을 반영하고 있습니다. 이력서는 '내가 무엇을 알고 있다'고 암시하는 명사의 나열이 아니라 '내가 무엇을 할 수 있다'는 동사로 표시되기 시작했습니다. 하지만 한 단계 더 나아가야 될 거 같습니다. 내가 무엇을 할 줄 알되 '왜 내가 그 능력을 갖췄느냐?'라는 질문을 해야 합니다. '무엇을 위해서인가'는 삯만이 아니라 삶에 대한 질문입니다. 쌓아온 스펙이 아니라 살아온 스토리로 담아내는 내용물입니다. 이것이 바로 비전이요 꿈이고 의미이며 가치관인 것입니다. 이런 것들이 추가된다면 아마 우리 사회가 원하고 필요한 인재가 양성될 것입니다.

NCS란 무엇인가

이 책의 목적은 분명하다. 능력중심사회를 구현하기 위한 정책 속에서 과연 'NCS'라는 시스템이 우리 사회를 어떻게 개편할 것인가를 그려보기 위한 것이다. 하루아침에 놀라운 성과가 나타나지는 않겠지만 이미 첫발을 내딛었다는 데 큰 의미가 있다.

2부를 시작하기 전에 NCS의 기본 개념에 대한 간단한 정리를 해보려고 하는데 어렵지 않게 설명하기 위해 몇 가지 키워드를 등장시켰다.

"무엇을 알고 있나"에서 "무엇을 할 수 있나"로의 변화. 알고 있는 것을 테스트해서 점수로 매기는 것이 아니라 할 수 있는 것, 잠재력과 능력을 평가하는 것이 NCS가 추구하는 가치다.

NCS, 곧 국가직무능력표준이란 '산업현장에서 한 개인이 자신에게 주어진 업무를 성공적으로 수행하기 위해 요구되는

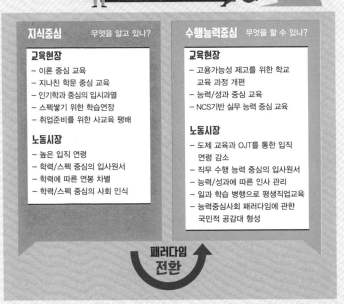

직무 능력을 국가 차원에서 체계적이고 과학적으로 도출해서 하나의 틀로 표준화한 것'이라고 할 수 있는데 이론적으로는 쉽게 이해할 수는 있지만 실제 어떻게 적용될 것인가를 떠올리면 상상이 잘되지 않는다.

NCS를 통한 정부와 기업, 평가기관과 개인 간의 유기적인 관계

산업현장에서 직무를 수행하기 위해 갖춰야 하는 지식과 기술, 여기에 태도를 포함시켜 일종의 '직업자격'을 갖추도록 인재교육을 한다는 것은 꽤 설득력이 있지만 교육체계의 개편이라든가 평가에 관한 규칙과 제도의 신설에 대한 우려의 목소리도 있다. 그 기준을 누가 만들 것인가의 문제, 교육과정에 어떻게 현실적으로 적용시킬 것인가의 문제들은 쉽게 해결되지 않을 것으로 보이는 큰 숙제다.

NCS의 적용을 위해 가장 우선되어야 할 점은 '인재교육'이라는 국가적인 큰 목표 앞에서 기업과 학교 간에 갖는 긴밀한 파트너십이고 이는 전문가들에 의해 감시되고 평가되어야 한다는 것이다. 더 구체적으로는 기업의 경쟁력을 높여줄 인재양성을 위해 '일터를 열어두고 교육현장을 기업 안으로 확장'시켜야 하며 학교의 교육과정을 표준화해서는 안 된다는 것이다. 천편일률적인 양식을 버리고 학생 개인에 맞게 역량을 평가해 교육해야 한다. 정부는 이런 변화에 맞춰 새로운 기술

자격에 대한 '인증제도'를 만들어 힘을 실어줘야 한다. 그렇지 않으면 똑같은 능력을 가지고 있다고 해도 여전히 '고졸'이 아닌 '대졸'이 더 많은 일자리를 차지하게 될 것이다.

학교와 기업에, 사회와 정부에 더 많은 관심과 노력을 요구하게 될 제도 NCS가 우리 사회가 안고 있는 고질적-학력 중심, 스펙 중심-문제들을 해결하게 도와준다면, 더 나아가 차별 없는 세상으로의 한 걸음이 된다면 어서 빨리 현실화되기를 바랄 뿐이다.

2부에서는 NCS에 관한 현실적인 사례들을 한국과 영국, 호주의 학교와 기업에서 찾아보았다. 이제부터 달라질 미래를 함께 상상하는 당신을 위해 두 번째 막을 연다.

SPEC
인재는 만들어진다

제로스펙이
청년들의 질문에
답을 달아주다

나를 평가해주세요

"흥미로운 환자야, 비장하기까지 하다니까.

그 공책 봤어? 그걸 보면 희망이 아주 비장해.

무슨 수를 써서라도 희망을 갖는 거야.

그것이 바로 사람들이 예감이라는 의미로 프롤로그멘prologoménes이

라 부르는 것,

즉 영어로 인간들men에 대한 프롤로그prologue라는 것을."

— 로맹가리, 《그로칼랭》 중에서

KBS 다큐멘터리 〈NCS 인재혁명〉으로 '사회 진출'이나 '진로와 꿈에 관한 고민'에 빠져 있는 20대의 치열한 전쟁을 취재하면서 로맹가리Romain Gary의 소설 《그로칼랭》을 떠올린 것은 '희망'이라는 거대하지만 놓칠 수 없는 가치에 대한 생각 때문이었다.

세계적인 작가로 인정받았지만 자신에 대한 외부의 기대와 선입견에서 벗어나고 싶었던 로맹가리는 '에밀 아자르'라는 가명으로 소설 《그로칼랭》을 탈고했다. 그의 나이 예순이었지만 그는 처음부터 다시, 작가인생을 시작하고 싶었다. 그런 생각에 도달하게 된 것은 아마도 이미 알려진 이름을 다 떼버리고 정직하게 평가받고 싶다는 '희망' 때문이었을 것이고 언젠가 경험했던 짜릿한 '처음'에 대한 그리움 때문이었을 것이다. 또 평론에서 떠들어대는 자기 작품의 해석을 접하면서 궁금해졌을 수도 있다. 나 스스로가 누구였을까, 나는 무엇을 이야기하는 작가였을까, 라고 말이다.

이전의 내가 누구였든 상관없이 작가로서 대중 앞에 다시 서고 싶던 로맹가리는 이름을 감춘 채 소설 《그로칼랭》을 세상에 내놓는다. 그의 두 번째 비밀스런 등단은 다행히 성공적이었고 프랑스 문단에 큰 화제를 불러일으켰다. 선입견 없이. 다른 장치 없이. 평가받았고 인정받은 것이다.

취업준비생들이 갖고 있는 고민 중에 많은 부분을 차지하는 것이 '실력을 평가받는' 일이었는데, 자신이 우리 사회가 원하는 인재인지 알 방법이 없다는 사실에 속상해했다. 수능처럼 분명한 기준을 두고 평가해주는 시험이라도 있었으면 좋겠다고 말하는 그들은 정해진 틀 안에서 공부해오는 동안 그 박제된 습관을 몸에 지니고 있는 듯했다. 최근 뉴스에서 다뤄진 바와 같이 대기업 삼성그룹에서 주최하는 '직무적성검사(SSAT)'를 치르기 위해 전국에서 모여드는 학생의 수를 보아도 그 간절함을 충분히 알 수 있다.

D대학 신문방송학과 졸업반 영은씨는 속된말로 대학 6학년이다. 휴학을 반복하면서 인턴과 다양한 사회경험 그리고 언어 공부를 했다. 학교 졸업장과 학점만으로는 부족할 것 같아 스펙 한 줄을 더 쓰기 위해 많은 시간과 돈을 '그것'에 투자했다.

졸업이 한 학기 남았을 때 이만하면 준비가 됐다 싶어 대기업 공채에 이력서를 넣어봤는데 '뚝' 떨어졌다. 합격하리라 기대도 안 했어, 라고 말하면서도 한 쪽 가슴이 서늘했다. 붙여주지 않아도 상관없지만 떨어진 이유를 알려주면 안 되나, 이런 생각이 찾아왔다. 경험 삼아 도전해 본 입사지원이 점점 진지하게 해석되기 시작했다. 그러니까 내심, 이 정도면 괜찮다고 위안 삼았던 자신을 탓할 뿐, 누구에게 물어볼 수도 없는 일이었다. 평가의 기준이 무엇이었는지 그저 속앓이 할 뿐.

다 물거품 같이 느껴지는 거예요
서류 탈락하면 그런 게 아쉬웠어요

누구보다 부지런히 공부하고 취업을 준비해왔던 영은씨는 대학 6학년이다

그날 이후 영은씨는 다시 새벽 5시에 일어났다. 겨울방학이 시작됐지만 스케줄은 더 빡빡해졌다. 집이 있는 수원에서 서울까지, 두 시간 남짓을 통학시간으로 잡고 6시가 되기 전 집을 나섰다. 차에 오르면 이어폰을 끼고 영어 공부를 한다. 시간에 쫓기는 사람처럼, 자꾸만 시계를 들여다봤다.

"저는 편도로 2시간 걸리잖아요.

그러면 하루에 4시간 정도를 대중교통 안에서 보내는데, 남들보다 4시간을 적게 쓰는 거잖아요.

그래서 최대한 시간 활용을 많이 하려고 노력을 해요. 남들 24시간 살 때 저는 20시간만 사는 거랑 똑같잖아요."

첫 번째 목적지는 이름 있는 영어학원이었다. 토익 점수가 나쁘다고는 생각하지 않았지만 면접에 필요할지 모르니 회화 중심으로 더 준비하기로 했다. 어쩌면 수능 준비를 하던 지옥 같은 시간이 다시 시작된 것만 같았다. 하지만 걱정스런 마음에 잠도 잘 오지 않았다.

수업이 끝나면 비슷한 또래의 친구들과 어울려 서로의 일상을 묻는다. 누군가는 이력서가 통과해서 면접을 보러 간다고 했고 또 누군가는 면접에서 예상 못했던 질문을 받아 난감했다는 무용담을 이야기한다. 전공이 사회복지든, 경영이든, 혹은 전자공학이든 상관없이 모든 대학생은 토익 스피킹과 오픽(OPIc, 국제 공인 영어회화 평가) 점수가 필요했고 그것을 위해 특강을 듣고 있었다.

학원 수업이 끝난 뒤 대충 식사를 하고 향하는 곳은 학교였는데 6년째 학생으로 산다는 것이 이렇게 부담스러워질 줄은 몰랐었다고 한다. 학교에서 만나는 후배들은 졸업을 유예했던 나이 많은 선배들에게 농담 아닌 농담을 건넨다고 했다.

"얼마 전에 후배 마주쳤는데 저한테 '어? 언니 암모나이트!' 이러는 거예요. 자기들한텐 내가 완전 화석이라고, 09학번이 아직까지 학교 다니고 있다고. 그 말 들으면서 약간 충격 받았어요.
'아 후배들은 날 이렇게 생각하는구나. 내가 학교 진짜 오래 다니고 있구나.' 그런 생각이 들었어요."

졸업을 유예하고 스펙과 사회경험을 쌓아두면 취업이 쉬울 줄 알았지만 정작 졸업이 닥쳐오니 마음은 더 없이 불안했다. 학교에서 할 수 있는 일이라곤 도서관에서 취업 준비를 하는 친구들과 어울려 자기소개서를 쓰는 일뿐이었는데 스펙이 잘 드러나도록 이력서를 쓰는 방법은 무엇인지, 조금이라도 강렬한 이미지를 줄 수 있는 노하우가 무엇인지, 함께 고민하고 있었다. 한 줄의 기록이 당락을 결정할 수 있다는 부담 때문이었는지 각자의 삶 속에 있었던 경험들이 어떻게든 자신을 포장해주길 간절히 바라고 있었다.

"기업이 원하는 게 뭔지도 정확히 모르겠고 나름 분석한다고 하는데 그 분석이 맞는 지도 모르겠고 한 달 내내 썼는데 아직도 완성 못했어요. 내일까지 완성해야 되는데 마음에 안 들 것 같아요.
이게 저를 잘 보여주는 건지도 잘 모르겠어요. 솔직하게 쓰고 싶은데 아무래도 기업에서 뭘 원하는지 계속 의식하다 보니까 자꾸 절 꾸며내게 되더라고요. 쓰면서도 내 모습 맞나? 이런 생각도 들고."

대학가에서 자기소개서를 비꼬며 부르는 말로 '자소설'이라는 게 있다. 보다 과장되게, 혹은 실감나게 쓰다 보니 가끔은 사실이 아닌 소설처럼 느껴진다는 것이다. 열심히 소설을 쓰지만 늘 부족해만 보였고 만족스럽지 않았다. 사실 자기소개서에 무엇을 적어야 하는지, 혹은 어떤 이야기를 전달해야 하는지 '정답을 몰라서'라고도 했다. 기업이 원하는 인재의 기준을 안다면 이런 방황은 없을 것이기에, 더욱 절박한 것이다.

인재를 평가하는 기준이 무엇인지 모르는 취업준비생들은 몇 페이지, 몇 개의 문장으로 자신의 인생을 평가받는 일이 두렵다. 무엇이든 할 수 있지만 무엇을 해야 할지 가이드라인이 없기 때문이다. 어쩌면 처음부터 무엇을 목표로 달려왔는지 확실하지 않기 때문일 수도 있다.

"자기소개서 항목을 채우면서 진심이 아니라는 생각이 들고, 꾸며내는 것 같아 힘들죠.
내가 어떤 사람인지 내가 정말 이 길을 가고 싶은지…….
결국 취업준비가 나를 알아가는 과정이 된 것 같아서 힘든 것 같아요. 하지만 힘들어도 필요하니까…….."

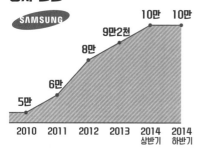

**최근 5년 동안
삼성 직무적성검사(SSAT)
응시 인원**

SAMSUNG

10만　10만

9만2천

8만

6만

5만

2010　2011　2012　2013　2014　2014
　　　　　　　　　　　상반기　하반기

대학을 휴학하고 인생의 경험을 늘려갈 때만 해도 스스로 열심히 산다는 생각이 들어 뿌듯했다. 대외활동이나 아르바이트도 결국엔 '자소서'에 쓰게 될 한 줄의 경력이라고 생각했던 그녀다. 하지만 종이를 빽빽이 채워도 면접은커녕 서류 탈락을 반복하자 현실의 무게는 다르게 다가왔다. '뭐 그렇게까지 생각해!'라고 누군가는 대수롭지 않게 말하지만 그녀는 치열했던 과거의 시간이 물거품이 되는 상실감에서 쉽게 벗어날 수 없었다.

그런 이야기를 하고 싶은 것이다. 인재를 평가하는 기준을 조금 공식화했으면 좋겠다는 것. 기업이 원하는 능력을 갖추기 위해 무엇을 준비해야 하는지 규격화된 틀이라도 있었으면 좋겠다는 말.

그런 이야기에 답을 달아주는 것이다. '인재는 만들어진다'라는 주제와 책이 품고 있는 '제로스펙'의 의미가 무엇인지.

삼성직무적성검사(SSAT)

취업난이 심해지면서 대기업별 입사 수험서가 등장했고 '신종기업고시'라는 이름의 시험이 유행했다. 그중 '현차고시', 'LG고시'와 함께 가장 대중적으로 큰 인기를 끌고 있는 것은 삼성의 직무적성검사, '싸트'다.

연간 20만 명가량의 수험생이 SSAT 시험에 몰리면서 사설 SAAT 학원이 성행하는 등 사회적 낭비가 크다는 지적이 제기되면서 우리 사회의 어두운 일면을 드러냈다. 고사장 확보와 시험지 인쇄, 감독관 경비 등 이 시험을 위해 직·간접적으로 쓰는 비용이 연간 100억 원이 넘는 것으로 알려지면서 화제가 됐다. 최근 삼성은 채용방식을 바꿀 계획을 발표하기도 했다.

인생의 수많은 갈림길 앞에서

잘못된 선택에 대한

후회가 밀려와도

'다시 선택'할 수 있는 기회를

눈앞에 펼쳐주는 사회

인재의 기준은
'나의 선택'에서 출발한다

"어떤 아이들은 복수를 결심한다.
사람들이 자신에게 그럴 능력이 없을 거라고 여겨지던 영역에서
최고가 되기를 꿈꾼다.
'언젠가 너희들이 날 부러워하게 만들겠어.'라고
다짐하면서 말이다."

- 파울로 코엘료, 《승자는 혼자다》 중 '가브리엘라'의 이야기

인간의 내면, 삶의 본질을 깊이 있게 찾아내는 브라질의 작가 파울로 코엘료Paulo Coelho의 소설 중에 《승자는 혼자다》는 성공을 위해 달려가는 청춘의 슬픔을 조금 위로해준다. 일명 슈퍼클래스에 오르기 위해 발버둥치는 사람들은 각각 다른 이유로 성공을 꿈꾸면서도 역설적으로 '인간의 욕망'에서 벗어날 수 없어 슬픈 도전을 하지 않을 수 없었다는 이야기다.

소설에 등장하는 인물 모두가 치열하게 도전하며 승자가 되기 위해 청춘을 바쳤지만 그중 가브리엘라에 주목하는 이유는 과연 그녀가 세계 최고의 배우가 될 자질을 가지고 있었는가, 라는 궁금증 때문이었다. 자신은 모든 재능으로 무장하고 카메라 앞에 섰지만 그저 '운이 나빠' 계속 오디션에서 낙방했을 뿐이라고 생각하는 가브리엘라. 심지어 자신이 쓴 이력서가 아무런 힘이 없다는 사실을 깨달았을 때에도 사회로부터 '거부당하는 아픔'일 뿐, 성공으로 가기 위한 작은 상처일 것이라고 받아들인다.

슬픈 점은 바로 이것이다. 그녀는 자신의 진짜 능력이 무엇인지 확인하려 하지 않고 다른 꿈을 꾸고 있었던 것이다. 배우로 성공해 최고의 자리에 오르겠다는 꿈은 그녀의 재능에서 출발한 목표였을까. 꿈에 그리던 영화제 칸에 가는 것이 목표라던 그녀가 재능으로 안 된다면 다른 방식으로라도 길을 찾겠다는 의지에 대해, 꿈은 그저 망상이라고 말할 수 있을까. 아니 그럴 수 없다. 그것이 그녀가 추구하는 삶의 방식이므로.

타인의 눈에 비친 나를 계산하면서 살아간다는 것은 결국 나의 본질을 잃어버리는 것과 같다. 남들이 나를 어떻게 생각

할까, 고민하면서 옷을 사고 차를 구입할 수도 있지만 더 어렸을 때로 돌아가 보면 '타인의 시선' 때문에 잘못된 진로를 선택했던 사람들이 떠오른다. 내가 어떤 것을 좋아하고 무엇을 즐겨하는지 감추고 기다란 줄 안으로 들어와 함께 걷던 이들, 좋은 대학을 인생의 목표로 삼던 사람들.

서른다섯 황희연씨는 지난 해 기술학교에 입학했다. 아내도 있고 네 살 된 딸도 있는 가장이 30대 중반에 학교에 가는 이유는 예상외로 매우 '중요하지만 간단한' 것이었다. 평생 업으로 할 기술을 배우기 위해서라고, 그는 말해주었다.

"직장을 다니면서 생각해 봤습니다.
정년이 없는 직업이 뭘까 생각해 보니 내 몸에 익히는 기술, 그게 중요하다고 결론지어졌습니다.
몸에 익히고 싶은 기술 중 자동차 정비가 흥미롭고 적성에도 맞아서 오게 됐습니다."

학창시절 공부를 꽤 잘했던 모범생 희연씨는 스무 살에 한국항공대 통신학과에 입학했었다. 순풍에 돛을 단 듯이 졸업하고 취업도 했다. 그렇게 몇 년간 열심히 일했지만 갑자기 제동이 걸렸다. 계속해서 질문이 떠올랐다. '이것이 내가 원하는 삶인가'라는. 또 다른 질문도 있었다. '이것이 내가 평생 할 만한 일인가'라는.

답은 알고 있었지만 잘 짜인 삶의 패턴에서 벗어난다는 것은 쉬운 일이 아니었다. 이전엔 부모와 친구들이 그의 시선이었다면 이제는 그의 인생에 가장 중요한 사람들의 의견이 필요했다. 긴 고민을 끝내고 아내에게 이 문제를 의논했을 때 아내는 선뜻 그를 격려했다.

희연씨가 지금 다니고 있는 학교는 '국책특수대학'이라고 불리는 '한국폴리텍대학'이다.

이곳은 국가가 설립하고 지원하는 대표적인 직업교육학교로 기술 중심의 실무 전문인을 양성하는 고용노동부 산하의 특수대학이다. 나이와 학력에 상관없이 입학할 수 있으며 학비 걱정 없이 자신에게 맞는 교과과정과 학습기간을 선택할 수 있다는 것이 큰 장점이다. 원하던 기술을 1년간 무료로 배울 수 있다는 사실을 30대의 가장이 알게 됐을 때 바로 입학을 결정하고 고향을 떠났다. 전라도 광주에 아내와 딸을 두고 자신은 혼자 떨어져 인천 캠퍼스 기숙사에서 생활하고 있지만 이 시간이 고되다고는 생각하지 않는다. 분명한 미래를 향해 다시 시작했다는 것에 오히려 감사하다고 했다.

"우리나라 보편적 정서에 따라서 남들의 시선을 의식할 때가 많죠. 그래서 직업을 선택할 때나 학교를 선택할 때도 나의 생각보다는 주변의 시선, 이런 것들이 많이 결부되는 거 같습니다. 그렇게 하다 보면 언젠가는 후회하게 되는 것 같아요. 진정으로 내가 원하는 게 무엇인지, 남의 시선을 의식하지 않고 내가 흥미를 갖고 즐거할 수 있는 것들을 찾아서 하는 게 중요하다는 것을 이곳에 와서 느꼈습니다."

지금 아는 것을 그때도 알았더라면, 스무 살의 선택은 달라졌을까?

희연씨는 자동차 정비를 배우고 있다. 하루 종일 온몸에 기름때를 묻힌 채 자동차 보닛 앞에 고개를 숙이고 산다. 지난 몇 달 동안 대단히 특별한 경험을 했고 이전에 몰랐던 사실을 알게 됐다고 기뻐한다. 학문의 본질을 탐구하는 대학교육과는 달리 이론이 실무에 어떻게 적용되는지를 가르치는 기술학교의 장점을, 경험을 통해 알게 됐다는 것이다. '실무 중심의 현장교육'이라는 말이 가진 진정한 힘과 가치에 크게 공감하게 됐다는 것이다. '이게 실제 어디에 적용이 되나?' 혹은 '이게 어떻게 쓰일 수 있지?'라는 의문점을 가지고 공부하는 동안 실습은 잊을 수 없는 경험으로 몸에 익숙해지고 있었다.

그에게 물었다. 만약 어렸을 때 이런 교육을 경험했다면, 스무 살의 선택은 달라졌을까요?

"어떻게 보면 우리나라의 교육은 개인의 미래보다는 교육 자체가 중심이 되어 있는 시스템인데요.
학생 개인이 관심 있어 하는 분야에 대해 탐구할 수 있도록 시간을 더 주었다면 좋지 않았을까, 그랬다면 흥미로운 인생을 사는 사람들이 많아지지 않을까 생각합니다.
만약 중학교, 고등학교 시절에 내가 좋아하는 것이 무엇인지 미리 알 수 있게 도와주는 교육과정이 있었다면 참 좋았을 것 같습니다."

누구나 잘못된 선택을 할 수는 있지만 그것이 잘못된 선택이었음을 깨닫는 순간, 우리는 다시 갈림길에 놓인다. 맞지 않는 옷을 입고 괴로워할 수도 있고 되돌릴 수 없는 시간 앞에 후회만을 남길 수도 있지만 다른 길 또한 있다. 희연씨의 이야기처럼 다시 '선택'하는 것.

능력을 다시 발견하고, 진짜 적성을 찾아가는 과정은 나이와 상관없이 필요한 일이다. 인재의 조건이라는 것은 내가 가진 적성에 따라 달라질 수 있고 내가 무엇을 선택하느냐에 따라 다른 결론에 도달할 수도 있다. '내가 인재인가, 아닌가'라는 질문은 '내가 무엇을 좋아하는가, 또 어떤 능력을 가졌는가'로 바뀌어야 하고 이것은 막연한 욕망이 아닌 진정한 '사실'에 초점을 맞추어야 한다.

그러므로 다시 묻고 싶다. 당신의 적성에 대해 정말 잘 알고 있나요? 라고.

한국폴리텍대학

Korea Polytechnic Colleges

　폴리텍대학은 '종합기술전문학교'란 의미로 2006년 3월 24개 기능대학과 21개 직업전문학교를 통합하여 민간부분에서 담당하기 어려운 국가기간산업, 신성장산업 분야의 기술자 및 기능장을 양성하고, 취업을 희망하는 청소년, 고학력 미취업자, 실직자, 취업취약계층 등을 대상으로 하는 기능 인력을 양성, 재직근로자의 직업 능력을 개발할 목적으로 설립되었다.

　특히 졸업생 취업률이 매년 80%를 상회하는데 전문대학 취업률이 61.4%, 4년제 대학 취업률이 54.8%인 것과 비교하면 매우 높은 비율을 차지하고 있음을 알 수 있다. 게다가 산업학사학위과정의 등록금은 학기당 120만 원 내외이므로 타 대학에 비해 등록금 부담도 적은 편이다.

　한국폴리텍대학은 기업전담제(교수 1명당 10개의 기업체를 전담 관리)와 함께 일학습병행제도를 실시해 산업현장에서 요구하는 실무형 인재를 기르고자 한다. 특히 교수 1명당 10개의 기

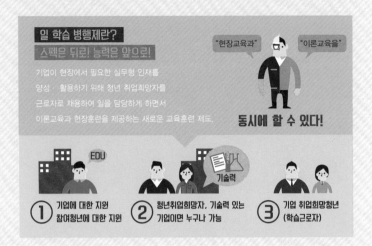

업체를 전담관리하는 기업전담제는 교육기간 동안 기업체에
서 필요로 하는 직업훈련을 시켜 2012년 한국폴리텍대학 취
업생 중 대다수가 취업할 수 있게 하는 결과를 가져왔다.

일학습병행제는 독일·스위스식 도제 제도를 한국 실정에
맞게 설계한 도제식 교육훈련제도다. 학교에서 배운 내용과
기업에서 필요로 하는 실무 능력 사이에서 발생하는 차이를
줄이고자 하는 목적 아래 기업은 취업을 원하는 청년 등을
학습근로자로 채용해 현장에서 장기간의 체계적인 교육을 제
공하며 교육훈련을 마친 자의 역량을 국가(혹은 해당 산업계)가
평가해 자격 또는 학위를 부여하고 있다.

NCS,
또 하나의 스펙이 아닌
또 하나의 능력

위기의 대한민국,
NCS를 탄생시키다

"나에겐 꿈이 없었어. 하지만 로미야, 지금 이 순간 그리운 것들이
너무 많아."

– 영화 〈비트〉에서 '민'의 대사

정우성을 대표하는 영화가 무엇이라고 묻는다면, 알 만한
사람들은 이구동성으로 〈비트〉라고 대답할 것이다. 오토바이
에 올라타 잿빛 도시를 질주하는 그 장면에서 우리는 청춘을
만났다. 1997년 5월에 개봉된 이 영화로 정우성과 고소영은
청춘스타가 됐고 유오성과 임창정도 대중에게 존재를 알렸다.
영화 〈비트〉에 대해 많은 이야기를 나눌 수 있지만 꼭 들려주
고 싶은 대사는 '민'이 남긴 이 한 마디다. 꿈이 없다는 것은
얼마나 큰 좌절인지. 우리는 그의 고통에 왜 공감할 수밖에

없는지 함께 이야기를 나누고 싶다. 가난한 청춘은 돈 십만 원에 한 여자의 노예가 되기로 약속했고 이를 지키기 위해 목숨을 바친다. 그런 그의 인생에 가장 큰 불행은 '꿈이 없다'는 사실이었는데 이는 곧 절망의 이유가 되었다. 하지만 그는 죽음 앞에서 알게 된다. 꿈이 없는 청춘에게 위로가 되는 것은 사랑과 우정, 그리고 친구뿐이었다는 것을.

영화 〈비트〉가 탄생했던 1997년에 많은 청춘들은 꿈이 없었다. 아니 꿈을 가질 수가 없었다. 나라가 망할 것을 걱정하는 어른들은 청춘들의 절망에 귀 기울여주지 않았다. 단군 이래 최대 위기라고도 말하던 실업대란은 'IMF 경제위기'와 함께 찾아왔다.

1997년 금융기관의 과도한 외채 도입과 기업 부도로 외화 보유국이 급격히 떨어지는 외환위기가 찾아왔고 정부는 국제통화기금IMF의 경제 원조를 받게 됐다. 국가가 도산할 수도 있는 위기 상황에서 국민들은 '금 모으기 운동' 등으로 마음을 모았고 기적처럼 4년 만에 극복하게 되었지만, 문제는 그 다음이었다. 경제위기가 찾아온 그날, 또 그것을 극복했다고 생각하던 그날, 정부는 우리 사회의 '청년 실업문제'를 실체적으로 알게 된다.

"청년들의 실업문제는 여전히 일반 실업률의 2배 이상 3배 가까이 높아요.
무엇보다도 문제가 되었던 것은 청년들이 취업을 하고 난 다음에도 직장에서 적응하는 데까지 너무 많은 기간이 들고 비용도 만만 치 않다는 거거든요."

– 강순희 교수(경기대학교 직업학과)와 인터뷰 중에서

실업의 원인을 찾아라

청년 실업률이 일반 실업률의 2배가 넘는다는 통계를 접할 때마다 망설여지는 것은 청년 실업률이 높은 이유를 청년에서 찾을지 혹은 사회에서 찾을지의 문제 때문이다. 2000년대 초반 외환위기를 극복한 한국 경제는 국제신용을 회복하고 경제적 안정을 하는 듯 보였지만 계속 생산되는 청년 인력에 대해서는 적극적인 소모가 이뤄지지 못했다. 오히려 구조조정이라든가 계약직과 같은 방식으로 기업이 부피를 줄이는 동안, 청년들이 사회로 진출할 수 있는 기회는 오히려 적어졌다. 누군가는 청년실업 원인에 대해 '눈이 높아 아무 일이나 안 하는 청년'에게서 찾으라고 말하지만 간단하게 정의할 수는 없을 만큼 중요한 일이기에 이제는 솔직해져야 한다.

수요처인 기업의 입장에서는 공급자인 청년 지원자가 고용 시장으로 쏟아져 나올 때 최선의 선택을 하기 위해 나름의 가이드라인을 잡게 되었는데, 그것이 자연스럽게 '좋은 학벌'이라든가 '외국어 실력' 등의 추가기능 탑재 요구로 이어져왔다. 이러한 상황이 지속되는 동안 스펙은 인재 평가의 당연한 기준인 듯 신호 역할을 해오게 된 것이다.

하지만 '그 기준이 맞는 것이었는가'라는 질문에 대해서는 쉽사리 대답할 수 없었다. 기업은 각각의 특성에 맞는 인재를 찾고 있었을 텐데 인재의 품질을 보증하는 어떠한 장치도 없어 신입사원을 선발해 고용한 이후에도 재교육 비용이 지출돼야 했다. 나름대로 높은 기준을 가지고 선별했다고는 생각하지만 경험이 거의 없는 신입사원을 직무에 바로 투입한다는 것은 거의 불가능했기 때문이다. 기업이 지불해야 하는 '현장업무 재교육 비용'은 예상보다 많았다.

최근 한국경영자총협회에서 조사한 바에 따르면 대학 졸업자 기준 신규 채용 인력을 현장에 정착시키기 위해서는 무려 20개월 가까이 걸린다는 통계가 보고됐다. 그들의 스펙과는 상관없이 현장에서 '해야 할 일'이 무엇인지 다시 가르쳐야 된다는 것이고 이 비용이 1인당 평균 6,100만 원, 일부 대기업에서는 1억 원이 넘어서는 것으로 추산되었다. 다시 말해 기업은 스펙을 위해 이미 많은 비용을 지출한 신입사원에게 많은 교육비용을 들이면서 현장경험을 '다시 가르쳐야 한다'는 것이다.

신입사원의 선발부터 실제 업무에 투입될 때까지의 비용 지출은 중소기업은 물론이고 대기업에도 큰 영향을 미친다. IMF 위기를 극복한 이후 신입사원 재교육 문제가 현실적으로 대두되자 이것을 사회 문제로 꺼내놓고 함께 대안을 연구하기 시작했다. 그 결과 실제적으로 나온 대안이 바로 수습사원제도였다. 이 제도를 직접 적용해 기업은 함께 일할 인재가 누구인지 파악하고, 개인 스스로는 업무가 적성과 맞는지 테스트하는 시간을 갖도록 하기 위함이었다. 이런 요구에 맞춰 정부는 적극적으로 '인턴제도'를 도입하고 격려해왔다(명암이 있었으나 처음 의도는 이러했다).

현장업무 재교육 비용

순수 교육/훈련 비용

2008	926만 1천 원
2013	960만 2천 원

34만 1천 원 증가

월 평균 순수 교육/훈련 비용

2005	47만 5천 원
2008	52만 5천 원

5만 원 증가

총비용

2005	6,218만 4천 원
2008	6,088만 4천 원
2013	5,959만 6천 원

130만 원 감소
128만 8천 원 감소

월 평균 비용

2005	306만 3천 원
2008	312만 2천 원
2013	325만 7천 원

5만 9천 원 증가
13만 5천 원 증가

"현장 근무 준비 완료!"

"...우린 사무직이야..."

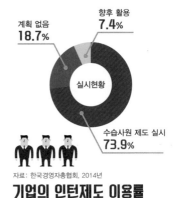

계획 없음
18.7%

향후 활용
7.4%

실시현황

수습사원 제도 실시
73.9%

자료: 한국경영자총협회, 2014년
기업의 인턴제도 이용률

대졸자의 수가 기형적으로 늘어난다는 사실을 외면했던, 혹은 방치했거나 지원했던 한국사회에서 대학을 졸업한 학생들은 꿈과 현실의 괴리가 가속화되는 것을 경험했다. 이는 곧 산업현장에도 혼란을 일으켰다. 지나치게 많은 학생이 대학에 진학한다는 사실도 문제이지만 대학의 교육이 실제 산업현장에서 필요로 하는 현장교육이 아니라는 점, 산업현장에서의 능력 수요와 괴리가 되었다는 점이 실업의 근본적인 원인으로 드러나게 되었다.

취업과 관련해 개인과 기업이 지출하는 비용을 다른 방식으로 사용할 수는 없을까, 혹은 학교와 병행하여 함께할 수는 없을까, 현장에서 필요로 하는 능력과 일치되는 교육방식은 없을까, 숙제로 남게 되었다. 그리고 표준화된 기준-산업현장의 수요를 제대로 찾아내어 표준화하는 것-이 있기를 간절히 바라는 마음으로 제시하게 된 것이 이른바 NCS, 국가직무능력표준이었다.

NCS, 국가에서 말하는
'직무능력표준'은 누가 만드나

직무 능력에 대해 표준화 작업을 할 수 있는 사람은 누구일까, 답은 매우 간결하고 명쾌하다. 산업현장에서 실제로 일하고 있는 사람들, 그들의 현실적인 조언이 필요했다. 현장에서 필요로 하는 지식이 어떤 건지, 기술은 또 어떠한지, 어떤 태도로 임해야 하는지를 찾아내 학교 안에서 교수될 수 있도록 교육과정에 반영시켜야 한다. 이런 과정을 가능케 하기 위해서는 많은 작업이 필요하지만 '표준화된 기준'이 생긴다면 청년 실업문제를 최소화할 수 있다는 희망이 보일 것이다.

우리 사회가 안고 있는 청년실업의 이면에는 고학력자들은 넘쳐나는 반면 단순 기능기술을 요하는 직업군에는 사람이 부족한 '노동시장의 양극화'라는 불편한 현실이 있다. 즉 '미스매치'라는 실업의 또 다른 면인 것이다. 현장에서 필요한 지식과 기술, 태도를 가진 사람을 찾을 수 없다는 것은 사회 전반적인 문제라 볼 수 있다.

"고질적인 학벌사회, 인력 수급의 미스매치, 채용방식, 승진과정에서 학연이나 지연, 학벌을 중시하는 이 모든 것들이 복잡할 정도로 총체적으로 얽혀있는 상태입니다.

이걸 하나하나 풀어가기 위해서는 현장과 교육훈련, 그리고 사회에서 개인의 능력을 인정해주는 기준이 상호 유기적으로 연계되어야 하는데 그것이 바로 NCS입니다."

– 나승일 서울대학교 교수(전 교육부 차관)와 인터뷰 중에서

몇십 년만 시간을 거슬러 가봐도 대학진학률은 그리 높지 않았다. 기술교육을 통해 기술을 배우고 직업을 가지려는 사람들의 수가 월등히 많았으며 대학교육이 꼭 필요한 직업군에 대해서만 대학교육이 이뤄졌다. 이 시절에는 학위라는 것이 대단히 중요한 신호기능을 했다고 전문가들은 말한다. 하지만 1980년대 이후로 들어오면서 졸업정원제, 대학설립 자유화 등으로 대학문은 점점 낮아졌고 대학의 학생 정원이 대폭 늘어나면서 누구나 대학에 갈 수 있는 시스템이 마련됐다. 이 시스템이 가져온 현실은 암울했다.

전문가들은 '산업수요로 볼 때 대학학력이 필요한 직업군은 취업준비를 하는 전체의 2~30%에 불과하다'고 말한다. 즉 대학진학률이 이미 80%를 넘어버린 현 상태에서 과잉교육은

개인뿐만 아니라 국가에도 큰 낭비라는 것이다.

우리에게 필요한 것은 신호체계, 곧 시그널이다. 인재를 구별하는 단순한 기준이 아니라 모든 직업군에서 요구하는 교육과정과 자격을 인정하는 시그널이 필요하다.

지금 NCS 체계를 만들기 위해 각계각층의 전문가-산업현장과 교육현장을 모두 포함한-가 한자리에 모여 머리를 맞대고 있다. 국가적인 과제로 NCS에 관심을 갖게 된지는 사실 10년이 넘었지만 본격적인 개발은 몇 년 전부터 바쁘게 진행되기 시작했다. 전체적으로 봤을 때 현재까지 300여 개의 직종분야에서 이루어진 국가직업표준 개발은 아직 부족할 수도 있다. 하지만 이런 작업이 필요하다는 사실은 우리 모두가 알고 있다.

NCS 도입이 시작됐다

올해는 302개의 공공기관이 1만 7,000여 명을 신규 채용할 계획인데, 선발기준의 키워드는 다름 아닌 NCS다.

산업현장에서 직무를 수행하기 위해 요구되는 지식과 기술, 소양을 국가가 체계적으로 표준화한 시스템인 NCS는 직무에 필요한 능력을 부문별로 상세화해 해당 기업의 지원자가 직무에 얼마나 적합한지를 알려준다.

NCS는 한국고용직업분류^{KECO}를 중심으로 한국표준직업분류, 한국표준산업분류를 참고해 업무 분야를 총 857개로 분류하고 있다. NCS 분류체계의 하위단위인 능력단위는 다시 능력단위 분류번호, 능력단위 정의, 능력단위 요소(수행준거, 지식·기술·태도), 적용범위 및 작업상황, 평가지침, 직업기초능력으로 구성된다.

지난해 일부 공공기관이 NCS를 적용해 신입직원을 뽑았지만 올해는 100여 개의 공공기관이 NCS를 신입직원 채용 전형에 시범적으로 도입하겠다고 발표했다. 대표적으로는 한국전력공사, 한국수력원자력 등 대규모 인력을 채용하는 대형 공공기관들이 포함돼 있다. 채용규모만 보면 올해 전체 공공기관 신입직원의 70%가 채용과정에서 NCS의 영향을 받는 것이다. 2017년에는 올해 신규 지정된 14개 공공기관을 포함한 316개 모든 공공기관이 NCS를 이용해 직원을 뽑을 예정이다.

신입직원 선발과정에서 NCS가 도입되는 정도와 방식은 각 기관마다 다르기 때문에 상당히 복잡하다. NCS는 채용공고에서 서류와 필기, 면접까지 모든 전형 단계에 도입될 수 있다. 대한지적공사는 채용공고에서부터 입사지원서 작성, 직업기초능력평가, 역량면접까지 대부분의 전형에 NCS를 도입한다. 심지어 채용공고에도 필요한 '특정 직무'를 제시하게 된다. 물론 그 직무에 적합한 능력 있는 사람을 선발할 예정이다. 이처럼 기관마다 전형과정과 NCS 적용 정도가 다르기 때문에 지원자는 해당 회사의 채용공고를 반드시 숙지해야 한다.

이렇게 복잡한 내용에도 불구하고 정작 시험을 볼 지원자들에게 NCS 관련 내용은 제대로 홍보되지 않은 상태다.

나승일 교육부 전 차관과의 인터뷰

나승일
서울대학교 교수 (전 교육부 차관)
무조건 학력, 학벌 사회로 치닫다 보니까 문제가 되고
국제적으로 보면 우리나라에서 양성된 인재가

나승일 서울대 산업인력개발학 전공 교수

제작진　　NCS에서 '표준'이라는 말의 뜻이 무엇인지 쉽게 설
　　　　　명해주세요.

나승일　　NCS란 National Competency Standards의 약자인
　　　　　데, 국가직무능력표준이라고 합니다. 이는 국가 차
　　　　　원에서 어떤 직업이나 일자리에 종사하는 사람이
　　　　　주어진 일을 성공적으로 수행하는 데 필요로 하는
　　　　　능력단위(역량)들을 도출하여 제시한 기준입니다. 그
　　　　　렇기 때문에 표준이라는 기준이라고 할 수 있으며
　　　　　질(quality) 관리나 통용성을 높이기 위한 기제로 설

정하여 활용됩니다.

참고로, 우리나라에는 1만 6천여 직업이 있는데 각 직업에 종사하는 사람들한테 필요한 소위 핵심적인 능력들에 대한 기준을 체계적으로 제시한 것이 NCS다, 이렇게 말할 수 있죠.

제작진   그렇다면 왜 지금 와서 NCS를 도입을 해야 되나, 그 전에 교육방식이나 직업관은 잘못된 건가, 이런 의문이 드는데요?

나승일   우선은 유럽이나 선진국들은 대체로 공급자 학교 중심이 아닌 인력을 필요로 하는 산업체가 중심이 되어 현장 중심으로 인재를 양성·배출하여 왔으나 우리나라는 전통적으로 학교 중심으로 인재를 양성해왔고, 학문 위주 혹은 상급학교 진학준비 위주로 교육해 왔습니다. 이러다보니, 대학을 졸업하고도 사회에 나올 때 즉, 취업하고자 할 때 별도의 취업 준비를 하거나 입직 후에 회사에서 신입사원교육을 대대적으로 실시하는 것이 일반적입니다.

심지어 특정 분야의 인재 양성을 교육목적으로 하는 학교조차도 학문 중심, 학위 위주 교육을 합니다. 이처럼 비록 학교에서 많은 것을 배우나 학생마다 사회에 나와 자신의 꿈과 끼를 살리는 일을 하기 위한 준비 및 기회는 많이 부족한 실정입니다. 그러다보니, 인력의 미스매치 문제가 점점 심화되고 있습니다.

따라서 직업교육의 현장성을 높이고, 인력수급의 미스매치를 해소하며, 저마다 자신의 꿈과 끼를 일찍부터 추구해 나가기 위해서는 필요한 인재에 따른 교육목표, 교육내용 및 교육방식이 바뀌어야 하는데, 어떤 인재를 어떤 교육내용과 방식으로 어떻게 가르쳐야 하는지에 대한 기준으로 바로 NCS가 활용될 수 있습니다.

한마디로, 지금까지 교육훈련, 현장인재 요구사양, 자격검정 등이 따로 따로 분리되고 괴리되어 비롯된 문제점을 보완하고 개선하여 교육훈련 및 자격검정 등을 혁신하는 데 핵심적인 원천인 것입니다.

제작진 NCS가 과열된 스펙경쟁을 없앨 수 있을까요?

나승일 그렇죠. 우리 사회에서 개인의 능력을 객관적으로 인정해주는 기준은 학력입니다. 게다가 좋은 학교를 다녔는지와 같이 학벌을 많이 따지곤 하죠. 그러다보니 행복하고 성공한 삶을 위해서 개개인의 꿈과 끼를 살리기보다는 더 높은 수준의 학력과 학벌을 획득하려고 일찍부터 사교육에 의존하며, 입시경쟁에서 이기기 위한 학습에 치중해 왔습니다. 반면 선진국에서는 학력 및 학벌만이 아니라 기타 개개인의 능력을 인정해주는 다양한 기준이나 경로가 잘 발달되어 있습니다.

현재 한국에서는 대학을 나와도 자기가 원하는 일자리를 찾기 어려운데다가, 학벌을 선호하는 풍토로 인해 지방대 졸업자 혹은 명문대학이 아닌 대학 졸업자의 경우 취업지원서 제출이나 면접 등의 기회조차도 갖지 못하는 일이 빈번하게 발생하고 있습니다. 게다가 채용단계에서 입직 후에 할 일을 기준 삼아 지원자가 얼마나 준비되었는지 혹은 일에 적합한지를 평가해 채용하기보다는 직무와 무관하게 누가 더 '똑똑한가'를 중심으로 채용하고 있습니다.

개개인의 능력이나 역량을 보여줄 수 있는 기준으로 다양한 자격증, 교육훈련과정 이수증, 직무경험 및 경력, 정부나 민간단체로부터 수여된 각종 인정서

등이 있지만 여기서 한 단계 더 나아가 개인이 가진 능력 및 역량을 보여주는 것들을 상호 비교하여 인정해주는 기준점이 있어야 하는데, 바로 NCS가 비교 기준으로 활용될 수 있다는 것이죠.

결국 기업에서 필요로 하는 직무능력을 평가해 채용하기 위해서는 하나의 필요 능력단위 기준인 NCS가 활용되어야 하며, 만약 NCS가 활용된다면 과열된 스펙 쌓기 문제를 해소하는 데 크게 기여할 수 있을 것으로 보고 있습니다.

제작진 누구나 필요성을 느끼고 있을 거 같아요. 근데 그게 사회에 도입이 되었을 때 잘될 것이냐 하는 의문점을 갖고 있을 것 같은데 어떠세요?

나승일 결코 쉽지 않을 것입니다. 그러나 필요성을 느끼고 공감하면 '시작이 반이다'라는 말처럼 우리는 제대로 할 수 있을 것입니다. 물론 많은 사람들이 의문을 가질 수 있겠지만 중요한 점은 현장에서 필요로 하는 것들을 제대로 고려하지 않고 각 분야의 학문적인 지식을 바탕으로 가르쳐 왔던 것을 이제라도 사회 수요에 맞추면서 개개인의 꿈을 실현해나가기 위한 것들을 가르치고자 하는 것입니다.

교육이 직업현장이나 미래에 적합한가, 라는 물음에 대해서 그렇지 않다고 한다면, 그래서 그 대안이 뭐냐고 물었을 때, NCS를 생각하게 된다면, 의문에 대한 답을 쉽게 내릴 수 있을 것 같습니다.

제작진　NCS가 도입되면 우리나라의 어떤 부족한 부분을 해결해줄 수 있다고 생각하세요?

나승일　우선 교육내용에 현장 적합성을 바꿔줄 수 있고 학교 밖에서 이루어지는 훈련들이 많기 때문에 현장 중심으로 바꿔 소위 직업 훈련의 효율성을 재고할 수 있습니다. 또 우리나라의 각종 국가기술자격이나 국가자격증들은 다분히 '지식을 알고 있느냐'에 초점이 맞춰져 있는데요 앞으로는 '무엇을 할 수 있느냐'에 초점이 맞춰지기 때문에 단순히 성적 위주의 공부나 사교육이 성행할 필요가 없어집니다.

더 중요한 것은 국가가 필요로 하는 다양한 수준의 인재 요구를 충족시키고 수용할 수 있는 쪽으로, 동시에 모든 개개인이 자신의 꿈과 끼를 일찍부터 키워나가서 궁극적으로는 행복한 삶을 살 수 있도록 하는 관점으로서 나아가야 된다고 생각합니다.

제작진　능력 위주라고는 하지만 한편으로 또 하나의 '스펙
　　　　쌓기' 아닌가, 이런 이야기도 있습니다. 여기에 대해
　　　　서는 어떻게 생각하시는지요?

나승일　먼저 스펙spec이라고 하는 것은 필요로 하는 사양
　　　　specification을 영어로 줄여서 말하는 건데 일자리에 필
　　　　요한 능력들을 제대로 함양하고 그걸 습득하기 위해
　　　　교육받는 것은 큰 문제가 아니죠. 마치 의사가 의사
　　　　로서 최신 치료술을 습득하기 위해 전문연수를 받
　　　　는 것처럼, 직업이나 직무와 관련된 마땅히 할 줄 알
　　　　아야 하거나 갖추어야 할 스펙을 갖추기 위한 것이
　　　　라면 그 자체는 문제가 되지 않으며 오히려 적극 장
　　　　려되어야 합니다. 그렇기 때문에 현장 종사자에게 요
　　　　구되는 NCS를 교육이나 자격검정 등에 적용하는 것
　　　　이 또 하나의 스펙처럼 이해되는 것은 불필요한 오
　　　　해입니다.
　　　　또한 NCS가 왜 필요하냐면 학력 이외의 능력들을
　　　　표현해주는 각종 증서들이 학력이나 학위처럼 상호
　　　　비교하여 일정하게 인정해주는 국가 차원의 기준(국

가역량체계)을 설정하는 데 중요한 기준이 될 수도 있기 때문입니다.

실제로 유럽연합은 회원국 간의 인력이동을 촉진하고 고등교육으로의 가교를 구축하기 위한 일환으로 EQF를 설정해 회원국마다 세부적인 국가역량체계를 완성하였고, 이러한 경험을 토대로 여타 국가들을 대상으로 컨설팅 및 국가역량체계를 전수하는 노력들을 기울이고 있습니다. 2014년 현재 세계 150여 개의 나라가 NQF를 구축했거나 구축하고 있습니다. 이것이 있어야 자국민의 인적자원을 보호할 수도 있고, 외국에서 온 사람들을 합당하게 대우해줄 수 있는 기준점이 될 수도 있습니다.

제작진 이것이 국제적 인력 교류에도 영향을 미칠 것이라고 생각하시는 거죠?

나승일 나라마다 교육체계나 훈련체제는 매우 다양한데 글로벌화, 소위 국제사회화가 됨에 따라 국경이 의미가 없을 만큼 인력이동이 점점 빈번해진다면 우리나라 사람들이 외국으로 이주해나간다든가, 외국 사람들이 우리나라에 취업 때문에 와있다거나 할 때 피차간의 개인 능력을 과연 얼마만큼 인정해주고 대우해줘야 하는 것은 우수인재 확보 면에서 대단히 중요한 기준이 됩니다. 그렇기 때문에 우리나라에서 양성된 인재가 외국에 갔을 때 합당하게 대우받으려고 하면 단순히 졸업장, 학위장의 문제가 아니라 이 사람이 어떠한 능력을, 어떠한 역량을 가졌는지를 명확하게 보여줄 수 있는, 국가가 인정해주는 어떤 기준이 있어야 되거든요. 이해당사자들이 합의하는 것이 아니라 일자리마다 종사자에게 요구되는 능력, 그게 곧 NCS죠.

제작진   교육방식도 바뀌어야 되고 산업체에서 평가하고 기준을 잡기 위해 적극 동참을 해야 되는데 그게 쉽지 않다는 생각이 듭니다. 어떻게 생각하시나요?

나승일   우리나라 교육은 지금까지 대학 교수나 연구자 등을 중심으로 학문적 지식을 토대로 교육과정도 만들고 가르치고 그랬거든요. 한편, 산업체는 필요로 하는 인재 선발에만 관심이 있을 뿐 필요한 인재의 구체적인 사양서(직무 관련한 스펙)를 정확하게 제시하지 않았고, 별로 관심도 없었던 것이죠. 즉, 교육과 고용이 거의 '따로 따로'였다는 것인데요, 그러다보니 인력 미스매치가 심화되었고, 고용주는 고용주대로 쓸 만한 인재를 채용하기 어렵다고 불만이고, 구직자들은 제한된 일자리를 얻기 위해 무한 스펙 쌓기 경쟁에 동참하며 사교육에 의존하는 상황으로 치닫게 되었습니다.

따라서 교육과 고용이 상생하기 위해서라도 산업체는 이제 적극적으로 필요한 인재에 대한 사양 즉, NCS 개발과 활용에 적극적으로 동참해야 하는데 이것을 산업체의 사회적 책무로 인식하고 적극 동참하고 지원해야 할 것입니다. 이를 통해 현장이 필요로 하는 다양한 창의 인재를 확보할 수 있을 것이고, 나아가 세계적 글로벌 기업으로서 성장할 수 있는 동력을 확보할 수 있을 것으로 봅니다.

제작진   그럼 기업의 신입사원 채용기준도 NCS를 기반으로 바뀌어야 할 것 같은데요.

나승일   그렇죠. 국정과제로 공공기관부터 NCS 기반 채용방식이 도입되도록 계획되어 있습니다. 신입사원을 채용할 때 NCS 기반으로 바뀐다는 것은 '필요로 하는 인재를 직군이나 직렬에 따라 입직 수준에 초점을 두어 얼마나 잘 수행할 수 있게 준비되었는지를 객관적으로 평가하여 선발하는 것'입니다. 그런데 현재는 신규인력을 채용할 때 학력에 따라 고졸학력 몇 명 뽑겠다, 전문대졸 몇 명 뽑겠다, 4년제 대학 졸업자 몇 명 뽑겠다, 이런 식인데요 선진국으로 갈수록 우리는 '다음과 같은 일을 잘할 수 있는 인재를 00명 뽑겠다'고 하지 '전공 불문 대졸 신입사원 공채'로 몇 만 명 뽑겠다는 공고를 하지는 않거든요. 그리고 실제 채용을 위한 평가과정에서 단순히 누가 많이 아느냐 혹은 학벌을 따지지 않고, 사전에 제시했던 능력들을 얼마나 갖추고 있는지를 평가하여 결정합니다.

따라서 우리 사회가 능력중심사회가 되려면 채용공고 자체도 더 이상 학력을 기준 삼기보다는 우리가 필요로 하는 인재는 어떤 능력들을 갖춰야 한다, 또는 무엇을 얼마나 잘할 수 있느냐를 제시하는 쪽으로 바뀌어 가야 될 것입니다. 또한 교육훈련기관에서는 현재처럼 단순히 숫자로 나타내주는 성적표 외에 실제적으로 성취한 능력 및 역량들을 보여줄 수 있는 정보를 제공하는 쪽으로 바꾸어야 하고요.

이처럼 직무능력채용 방식이 확산되기 위해서는 인재 양성기관과 채용기관이 상생하도록 협력해야 할 것이고 이러한 인프라가 제대로 갖춰지고 사회적 분위기가 조성되면 총체적으로 우리 사회가 당면하고 있는 학벌중심사회에서 능력중심사회 패러다임으로 바뀌게 될 것입니다.

제작진 　NCS, 직무능력표준화 작업이 실제로 가능할까요?

나승일 　네. 우리보다 앞서 추진한 외국의 사례들도 많이 있고, 우리나라도 2002년부터 지난 10여 년간 교육부와 고용노동부가 각각 NCS의 전신인 NOS와 KSS를 개발하고 적용하는 프로젝트를 수행해 왔습니다. 이러한 경험을 통해서 우리나라는 NCS 개발과정이나 활용을 위한 추진절차와 노하우 등을 이미 갖추었다고 볼 수 있습니다. 특히 과거 경험과 해외 벤치마킹에 의거, NCS 개발과 NCS 표준교재(학습모듈) 개발은 협업으로 추진되는 것이 바람직한 것으로 확인되었습니다. 그렇기 때문에 NCS 개발 준비가 안 되었다거나 너무 서두른다, 혹은 졸속으로 추진한다 등

의 우려는 과도하다고 생각합니다. 다만, 무슨 일이
든 새롭게 추진하는 것 자체가 결코 쉽지 않기 때문
에 추진과정에서 직면하는 다양한 문제상황이나 오
해 등을 제때 해결하고 추진하기 위해서는 추진체
제가 구축돼야 하며 당초 목표를 성취할 수 있는 방
향으로 관계자들이 중지를 모으고 합심해 추진해야
할 필요성이 있습니다.

참고로 NCS와 관련한 대표적인 오해들이 있습니다.
우선 표준화라는 말의 뉘앙스가 다소 부정적으로
'획일화' 혹은 '한정적'이라고 오해하는 경우가 있고,
NCS를 어떤 직무에 대한 단순한 표준으로 혼동하
는 경우가 있습니다.

거듭 말하지만, NCS는 직업인이 성공적으로 수행하
는 데 필요로 하는 능력단위(역량)에 대한 기준입니
다. 또한 NCS의 능력단위를 도출하는 방법으로서
흔히 직무분석법이 적용되다 보니, 오해될 수 있으
나 직무 표준이 아닌 점을 주목해야 합니다. 끝으로,
NCS가 능력단위에 대한 기준임에도 불구하고 교육
하고 배우는 데 유용할 수 있는 시설이나 장비가 제
시되어 있으나 소위 시설 및 장비 기준이 아님을 상

기해야 합니다. 다만, 고용노동부가 NCS를 바탕으로 '훈련기준'으로 제시하는 것은 전혀 다른 내용입니다.

제작진   NCS를 기반으로 한 교육이 개인의 꿈과 적성을 키워낼 수 있는 교육과정이라고 말하는데, 이것 역시 가능한 일일까요?

나승일   NCS 기반으로 교육하면, 마치 의대교육처럼 실제적인 교육이 가능하다고 봅니다. NCS를 활용하면 현행의 학문 중심 교육과정을 현장 중심으로 대폭 개편할 수 있을 것입니다. 다양한 직업세계에서 필요로 하는 인재를 양성할 수 있게 다양한 교육과정이나 프로그램이 개설된다면, 학생 개개인의 꿈과 끼, 적성에 따라 다양한 진로를 준비·진입할 수 있는 학교로 진학하고 사회에 나올 수 있을 것입니다. 입직 이후에도 성공할 수 있는 다양한 경력 경로가 마련된다면, 일찍부터 자신의 꿈과 끼를 우선시하여 진로를 탐색하고 준비하는 방향으로 바뀌게 될 것입니다.

제작진   교수님으로 자리하고 계시지만 대학 측에서는 싫어할 입장이겠네요?

나승일　글쎄요. 많은 대학 및 전공분야가 1995년도 이후에 급격하게 늘어나면서 산업사회의 수요 또는 우리 대학에 입학하는 학생들의 능력이나 여러 가지를 고려해서 교육목표를 조정했다기보다는 무조건 국내외 교육과정을 벤치마킹해서 교육목표를 설정하고 내용을 구성한 다음 학생을 받아들여 가르치다 보니까 어떤 의미에서는 현장 적합성이나 학습자 요구에 맞지 않는 경우가 참 많았습니다.

그럼에도 불구하고 우리나라의 여러 정책환경을 고려할 때 우선은 NCS를 구축하고 능력중심사회로 나아가기 위해 필요한 큰 틀에서 제도적인 기반을 마련할 수 있도록 전념하고 있습니다. 그리고 학교교육에의 적용과 관련해서는 산업인력 양성을 교육목표로 두고 있는 특성화고 및 마이스터고, 전문대학에 적용하는 데 주력하는데요, 특정 산업에 종사할 인재 양성을 교육목적으로 하고 있기 때문에 NCS를 활용하여 관련 현장의 요구사양을 반영할 수 있었습니다.

이미 세계 각국은 NCS와 NQF를 구축하여 모든 교육훈련기관 질 관리에도 적용하고 있습니다. 현재 우리나라는 일반 4년제 대학을 대상으로 NCS 활용을 지원하는 정책 사업을 아직까진 추진하고 있지 않지만 유사 재정지원을 자율적으로 해서 의대교육이나 간호대교육처럼 현장 중심으로 교육하게 된다면 자연스레 적용하는 것이 도움이 될 것으로 보입니다. 또한 국제적으로 통용되는 글로벌 스탠다드를 적극 벤치마킹하여 교육의 국제화 혹은 세계적 수준으로 업그레이드시킬 필요가 있겠죠. 학문탐구를 위한 전공과정과 별개로 전공 관련 직종으로 취업이나 창업이 가능하도록 맞춤형 교육과정이나 프로그램을 별도로 개설하는 노력도 검토될 필요가 있을 것입니다. 이러할 때 NCS가 활용될 수 있으며 다만, 아직 NCS가 완벽하게 개발된 것이 아니기 때문에 분야에 따라서는 관련 산업계와 협업하여 필요로 하는 능력 및 내용들을 도출해 교육과정에 반영하는 노력도 지속되어야 할 것입니다.

제작진   그렇다면 NCS 개발은 언제 누가 시작했고 현재 어느 정도 준비가 되어 있나요?

나승일   우리나라 NCS 개발의 주된 역할은 고용부가 책임지고 교육부와 협업을 하는데요, 필요한 재원은 NCS 개발의 경우 고용노동부를 통해서 하고, 도출된 NCS를 어떻게 가르치고 어떻게 배워야 하느냐 할 때 요구되는 표준교재 개발은 교육부가 역할을 맡아 추진하고 있습니다. 그래서 NCS 개발은 2014년까지 1차적으로 개발 완료하고, NCS 표준교재(학습모듈)는 2016년까지 완성하는 일정으로 추진되고 있어요. 물론 이미 개발된 NCS와 NCS 학습모듈은 지속적으로 업데이트하며 정교화하고자 하는 노력을 필요로 합니다.

한편 학교교육에 적용하는 준비와 관련해서는 특성화고 3개교를 중심으로 시범사업을 추진하고 전문대학 6개에 시범사업도 합니다만 사실상 NCS가 지난 십여 년 전부터 만들어져 왔기 때문에 마이스터고등학교와 특성화고등학교에서 현장 중심의 교육과정 아래 부분적으로 활용되고 있습니다.

특성화고와 마이스터고의 경우 2015년 9월에 확정 고시할 '문·이과통합형' 교육과정에서 NCS 기반으로 교육과정을 개편할 예정이고, 전문대학의 경우도 특성화전문대 육성사업을 통해 교육목표로 설정한 인재를 제대로 양성하기 위해서 교육과정을 NCS을 기반으로 개편하도록 추진하고 있습니다. 한편 최근 일부 4년제 대학들도 자발적으로 NCS를 적용하는 노력을 기울이고 있고 전문대처럼 NCS 활용을 위한 정부 재정지원을 요청하고 있습니다. 이처럼 여타 교육에서도 교육의 질적 제고를 위한 다양한 시도들이 고려되고 있는 실정입니다.

제작진   NCS가 인재에 대한 부분을 해결하고 인재혁명을 가능케 할 것이라고 보시나요?

나승일   그렇죠. 우리 사회가 능력중심사회로 나아가야 국민 개개인으로서는 행복한 삶을, 국가적으로는 선진국으로 향하는 전환점이 될 텐데 그런 의미에서 NCS가 능력중심사회 구현의 출발점이다, 이렇게 볼 수 있어요. 또 능력중심사회가 되기 위해 인재를 제대로 평가하고 인정해주는 기준에 NCS가 출발점이 됩니다. 그렇기 때문에 이것이 인재혁명의 시작이면서 완결판으로 나아가는 데 중요한 핵심인프라라고 생각합니다.

NOS? 국가직업표준?

영국 내 2만여 종류의

직업과 능력을

구체화하다

영국의
'직업자격' 엿보기

"우리는 결코 눈물을 부끄러워할 필요가 없다."

- 찰스 디킨스, 《위대한 유산》 중에서

영국이 낳은 가장 위대한 소설가로 평가되는 찰스 디킨스 Charles Dickens를 추억해 본다. 그가 떠오르는 이유는 그의 삶과 작품에 담겨진 그 시대에 대한 상상 때문일 것이다. 찰스 디킨스는 1812년 영국의 남부 포츠머스에서 태어난 것으로 알려져 있다. 하인 출신인 할아버지와 해군 경리국에 근무하는 하급관리 아버지의 장남으로 태어난 그는 소년시절부터 빈곤의 고통을 겪었으며 학교도 거의 다니지 못하고 12살 때부터 공장에 나갔다.

찰스 디킨스가 공장에 다니던 시절은 영국이 '산업혁명'을 한참 이뤄내고 있던 때였다. 1760년부터 약 1세기 동안이나 계속되었던 기술혁명으로 영국은 근대 자본주의 사회를 성립했지만 도시 집중 현상으로 인해 런던 안에 슬럼가가 탄생하는 등 빈부의 격차가 심해졌다. 이런 시기에 어린 아이들이 '공장'에 가는 것은 어쩌면 평범한 서민으로는 당연한 일이었을 것이다. 사회 구조의 변화를 체감하며 빈부격차 속에서 힘들게 성장해온 찰스 디킨스는 스무 살 때 신문사 기자로 합격하면서 작가의 꿈을 키울 수 있었고 몇 년 뒤에 발표한 작품 《피크윅 문서》로 유명작가가 된다. 산업혁명으로 변화하는 사회상이 비판적인 시선으로 그의 소설에 담기게 되는데 이에 대해 거부감을 갖는 이는 없었다고 한다. 소박한 평민이나 교양 있는 사람들, 빈민이나 여왕을 막론하고 누구에게나 호소력이 있어 폭넓은 인기를 누릴 수 있었다.

찰스 디킨스 소설에 대한 인기는 상상 이상이었다고 한다. 영국 국민 모두가 그의 책을 읽었다. 중류계급을 비롯해 빅토리아 여왕까지 디킨스의 소설을 읽었다고 알려져 있는데 더더욱 놀라운 사실은 소설의 배경이 되는 슬럼가에 사는 주민들조차 대출도서관의 이용료를 부담하기 위해 돈을 모았다는 것이다(소설 《올리버 트위스트》에 관한 이야기다). 디킨스의 소설 속에 배경으로 자리 잡은 시대는 근대화로 빠르게 변화하는 '영국의 산업혁명'의 모습이 짙게 실려 있다.

영국의 산업혁명을 이야기할 때 빼놓을 수 없는 것이 '기술'의 폭발적 증가다. 대량화와 공장화를 비롯해 다양한 방면에서 기술이 요구되었고 이는 영국 경제의 기반이 되었다. 흥미로운 점은 '이 시기에 기술 분야에서 일할 차세대 인재들을 어떻게 키워냈느냐' 하는 부분인데 여기서 우리는 유럽의 '마이스터Meister(장인)'에 주목할 필요가 있다.

최근에는 국내에도 '마이스터 고등학교'라는 이름을 단 특성화 고등학교가 등장했지만 여기서 마이스터는 간단히 말해 도제徒弟, 제자를 키워내는 일대일 교육을 뜻한다. 인재가 될 만한 능력과 자질, 그리고 태도를 가진 사람을 선발해 후배로 양성하는 장인이 도제 교육의 중심에 있었다.

영국의 길드Guild(독일에서는 Zunft라고 한다)는 봉건주의의 상징이기도 하지만 상공업자의 동업자 조직으로 활동했다는 점에서 현재의 조합과 비슷하다. 특히 수공업 길드는 마이스터라고 불리는 장인들만 가입할 수 있었는데 이들은 노동현장의 중심이었을 뿐만 아니라 차세대 인재교육의 중심이었다.

길드에서는 제품의 품질, 규격, 가격 등을 엄격히 통제해 품질 유지를 도모했는데 제품을 만드는 '사람들에 대한 교육과 관리' 때문에 이것이 가능했다. 물론 판매와 영업 그리고 고용에서도 큰 역량을 발휘했다. 직업교육에 대한 독점적 권리로 인해 자유경쟁을 배제하고 길드의 구성원만으로도 공존·공영하려 해 문제가 된 적도 있었다.

이렇듯 영국 노동시장에서 직무 능력이란 것은 산업혁명과 길드 중심의 인재교육이 뿌리가 되어 철저하게 현장 중심의 교육으로 다져져 왔다. 교육체계는 분야별로 심화되었고 새로운 기술이 도입될 때마다 어떻게 적응시킬 것인지에 대해 연구해 교육현장에 반영해왔다.

영국과 비교할 때 한국은 이미 기술교육 역사에서부터 큰 차이가 있다. 급속한 경제성장을 이뤄냈지만 겨우 반세기 정도밖에 되지 않은 우리는 여전히 많은 한계점을 가지고 있다.

1960년대 국가 주도에 의해 경제개발이 일어나면서 노동시장 역시 국가적인 차원에서 편성되었는데 이때 '총무과'나 '서무과'라는 것들이 생겨났다. 단어가 가진 의미만 보아도 노동시장이 세분화되지 못했음을 알 수 있기에 구체적인 직무에 관해 나열하기도 민망하다. 물론 당시 우리 시대의 상황에 비춰 이보다 더 구체적으로 직무를 나누고 체계화하는 일은 불가능했겠지만 이제는 총무과나 서무과라는 단어 안에서 다양한 직무를 구분해 나눠야 한다. 세무와 회계, 인사와 평가 등의 구체적인 직무로 구분하기 위해서는 각계 전문가가 모여 일을 구분하고 업무에 대한 구체적 명칭을 마련해 업무 기준과 직무능력표준을 새롭게 정리해야 할 것이다.

한국 NCS의 모델이 되는 것 중에 하나는 영국의 NOS (National Occupational Standards)로 '국가직업표준'이라고 부른다. NOS는 영국 내 2만여 종류의 직업과 직무 능력에 대한 표준으로서, 국가적인 차원에서 각 직업마다 최적의 업무수행을 하기 위해 '어떤 지식과 이해를 갖춰야 하는지', '어떤 작업을 수행할 때 성취감을 높일 수 있는지' 그 능력 기준에 대해 연구해 구체화해 두었다.

영국 정부가 승인한 다양한 분야의 산업기술협회(길드에 뿌리를 두었던 단체 포함)가 표준개발기관을 통해 표준화 작업을 하게 됐는데 영국 전역의 지원과 참여가 이루어졌다. 또한 실제

해당 직종에서 대표성을 지닌 조직원(대기업과 중소기업 혹은 자영업자)과 관계자(직업협회, 노동단체)가 함께 참여해 직업자격에 필요한 직무가 무엇인지 정의했다. 중요한 점은 이 모든 과정이 영국 국가 수준의 평가로 인정받아야 하므로 결과적으로 공적인 지위를 갖는다는 것이다.

영국의 NOS, 개인의 능력으로 평가하다

NOS에 포함되는 직업 능력

- **필수 요건으로서 기술적 능력(Technical requirement)**
  : 작업에 필수적인 직업적 기술과 지식

- **작업과정 관리 능력(Managing the work process)**
  : 작업의 전반적 과정 즉 기획 작업, 품질 모니터링, 문제해결 능력 등

- **업무상 인간관계 능력(Working relationship)**
  : 고객과의 관계나 팀 구성원과의 관계, 동료와의 관계 등

- **작업환경 관리 능력(Managing the work environment)**
  : 건강, 안전, 윤리, 가치와 품질관리 등과 같은 전반적인 고려사항

자료: 한국직업능력개발원

이런 과정을 통해 정의된 직업 능력은 평가·적용과정을 거침으로써 일반화된다. 관계자들은 이런 작업을 지속적으로

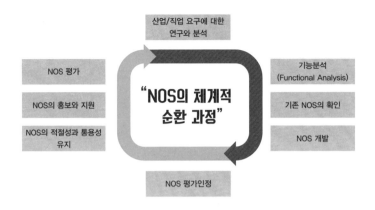

수행할 책임을 가지며 순환과정을 통해 체계적이면서 통합적으로 개발하고 유지한다.

'직무 능력'이라는 우리의 표현과는 달리 영국은 '직업'이라고 직접적으로 표현하며 표준화 작업을 해왔다.

하지만 이 작업을 위해서는 직업에 대한 '기능적 분석'이 선행되어야 한다. 기능과 역할에 대한 분석을 위해 직업의 개수를 파악하고 각 단위별 지도를 만들어야 했다. 이런 '직업지도 (Occupation Map)'는 단순히 직업의 종류만이 아니라 직접적으로 포함된 산업 분야와 하위 산업, 조직의 지리적 위치를 파악하게 하고 근로자의 규모나 해당 직업의 고용패턴 변화를 예측하는 것까지 포함한다. 뿐만 아니라 이 직업과 다른 직업과의 연계를 통해 경력 개발이라는 다음 단계로의 예측을 가능하게 한다. 직업지도는 직업 결정과 함께 직업교육을 어떻게 받아야 하는지 숙지할 수 있게 할 뿐만 아니라 향후 산업변화에 어떻게 대응해야 할지 고민하게 하는 동시에 경력 개발을 통해 다른 연계 직업군으로 '이동'할 수 있도록 도와준다.

영국 고용시장은 NOS의 개발로 기술혁신에 대한 의미 있는 발전이 이어졌는데 이는 NOS의 개발과정 자체가 기술교육에 대한 기능적 분석을 바탕으로 하고 있기 때문이다.

영국 직업교육과정 및 직업능력표준개발기관CFA에서는 ① 분야별 연구와 분석을 토대로 ② 기능적 분석으로 ③ 존재하는 NOS를 확인한 뒤 ④ NOS 개발을 이뤄낸 뒤 다시 ⑤ NOS 승인의 절차를 거쳐 이것이 효과적으로 교육될 수 있도록 격려한다. 다시 말해 규격화된 직업자격은 인적 자원을 국가적으로 관리하고 활용하는 데 큰 바탕이 되는 것이다.

영국의 각 기업은 NOS를 기반으로 직장 내 교육훈련OJT이나 학교훈련과정을 진행해 산업체가 원하는 맞춤형 인력을 길러낸다. 영국의 핵심적인 숙련기술 양성 프로그램인 '신도제제도' 역시 NOS의 토대 위에서 운영된다. 영국의 '신도제제도'

는 특정 직무기술을 배우려는 견습생이 숙련자 곁에서 1~4년 간 학습과 일을 함께하는 것으로 2011년 기준 17만 7,300여 개 사업장, 66만 5,900명이 참여했다.

국가별 직업교육과 자격제도 특징

영국	NOS	산업계 주도로 2만여 종류 개발 산업인력 양성과 자격에 활용
독일	직업훈련표준규정	도제식 훈련인 '듀얼 시스템' 기반
호주	NCS	직업교육 훈련 및 자격 부여

자료: 한국직업능력개발원

유럽의 청년실업

문제를 해결해준

진정한 돌파구

"당신의 레벨은 몇입니까?"

영국의
현대적 도제교육

취업률을 이유로 인문학 관련 학과들이 통폐합되면서
우물 안 대학들이 저마다의 경쟁력을 높이고 있을 때 외국의 직업
학교에 다니기 위해 청년들이 대한민국을 떠나기 시작했다.
"기술을 배우기 위해"

영국이 말하는 현대적 도제교육제도를 취재하기 위해 제작
진은 한국의 젊은이들에게 대중적인 인기를 끌고 있는 런던
의 W 학교를 찾았다. 이곳은 영국의 상업적 직업학교 중 하나
인데 생각보다 많은 한국인 유학생이 다니고 있었으며 가장
인기 있는 과목은 '요리학과'였다.

W 학교에 모인 학생들은 실제 음식점 주방과 같은 곳에서
요리를 배우고 있었는데 유학생이 많은 탓에 수업속도도 매

미란다
W 직업학교 지도교수

24주 안에 목표 단계를 끝내야
그 다음 높은 단계를 공부할 수 있습니다

영국 런던의 W 직업학교 지도교수

우 빨랐다. 해외에서 온 유학생을 고려한 듯 6개월 단위의 24주 코스로 계획된 교육과정은 바쁘게 움직이고 있었다. 요리학과에서 공부하는 한국의 학생들이 큰 비용을 지불하면서까지 이곳을 선택한 이유는 자신이 꿈꾸는 직업에 대한 '공인된 자격'을 얻고 싶었기 때문이라고 대답했다.

> "솔직히 성적이 얼마나 나오느냐로 취업의 당락이 결정되는 건 한국이나 영국이나 똑같아요.
> 다른 점이라 하면 우리나라는 학연, 지연 위주인 반면 영국은 개인적인 스킬과 능력에 따라 고용이 되고요. 현장 인턴 3개월을 통해서 고용할 수 있는지 실제 검증하게 됩니다."
>
> – 런던 W 직업학교 요리학과 학생

학교에서 공부하는 학생들은 16~23세에 이르는 청년들이 대부분인데 학교 안에 있는 레스토랑에서 음식을 직접 조리하고 서빙하는 일을 경험하고 있었다. 그 외에도 도제 계약을 맺은 유명 호텔이나 레스토랑에서 일하며 대가로 임금을 받기도 했다.

영국 사회에서 중학교를 졸업하는 10명 가운데 7명 정도가 사실상 직업학교에 진학하고 있었는데 이들은 산업 현장과 곧바로 연결되어 훈련을 받을 뿐만 아니라 실제 취업으로 이어진다는 것을 장점으로 여기고 있었다. 교육 기간에 따라 개인마다 다른 레벨(자격)을 취득할 수 있는데 대부분은 정부가 인증하는 국가기술자격(NVQ: National Vocational Qualification)을 획득한다.

교사와 학생 간에 이루어지는 현장 중심의 교육은 직업자격이라는 실제적인 결과를 가져오는데 영국은 이를 '현대적 도제제(Modern Apprenticeship)'라고 일컫는다. 즉 교육과정을 통해 학생이 습득한 기술에 대하여 평가하고 직접 자격을 부여하게 된다면, 자격증을 취득한다는 것은 당장 취업시장에 뛰어들어 일할 수 있는 '기술'을 보유하고 있다는 신호를 뜻한다.

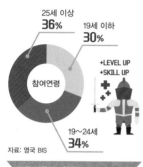

영국 현대적 도제제도 참여 연령

25세 이상
36%

19세 이하
30%

참여연령

+LEVEL UP
+SKILL UP

19~24세
34%

자료: 영국 BIS

영국 전통적 · 현대적 도제제도 비교

전통적		현대적
기술 습득	목적	기술 습득 후 국가자격 취득
현장교육	방식	대학, 훈련기관 교육 병행
고용주 부담	비용	국가 부담

'직무 능력을 표준화시킨다'는 한국 NCS의 목적은 국가와 전문기관이 공인하는 직무 능력 즉, 일종의 직접 자격을 가졌다는 의미가 된다.

글로벌 경제위기로 유럽 역시 청년실업으로 고통받고 있지만 체계화된 기술 전문교육 및 공인된 자격이 이들의 돌파구가 되고 있다고 한다. 영국의 청년 실업률이 20%가 넘어가고 있으나 이와 같은 현대적 도제제도로 문제를 적극적으로 해결해가고 있다는 것이 영국의 입장이다.

영국의 청소년들은 만 16세가 되면 자유롭게 학교를 떠나 원하는 진로 분야에 지원해 직무교육을 받는 동시에 경력을 쌓을 수 있는 시스템을 갖추고 있다. 대학 진학을 원치 않는 만 16세 이상의 학생들은 기술교육을 통해 스스로 진로를 개발하고 일정 수준의 직업자격교육을 병행해 받는다.

W 직업학교 요리학과의 수업

영국에서는 직업자격을 위해 다양한 기관들이 긴밀히 협력하고 있다. 자격교육과정원이라는 총괄기관은 직업에 대한 선진화된 기술의 표준을 교육고용부에 제공한다. 학교를 비롯한 교육기관에서는 이를 기본으로 하여 엄격한 기준을 세우고 교육을 진행하며 검정단체를 통해 확인받는다. 직업에 대한 기술자격이 공인될 수 있도록 선도단체와도 협력이 이루어지는데, 이러한 협력들을 통해 빈틈없는 교육이 평가돼 승인받게 되는 것이다.

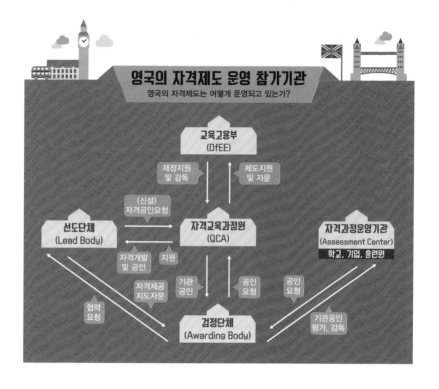

빠르게 변화하는 현대사회에서 요구되는 기술에 맞춰 영국 정부는 정보를 수집하고 자격에 맞는 교육과정을 개발해 적용할 수 있도록 지원한다. 교육 프로그램의 제공자들은 고용주들과 회의를 통해 자격과 요구사항이 무엇인지 정리하고 이것을 어떻게 교육할 것인지 교육관계자와 협력해 기술 능력을 개발한다. 또한 여기서 끝나지 않고 이것이 현장에서 효율적으로 적용되고 있는지 평가하여 개선방안을 모색하는 일까지 하고 있다.

교육과정평가원이 중심이 되어 학교와 훈련기관에서 산업 현장의 요구가 적용될 수 있도록 교육고용부와 교육기관이 협력하고 평가단체의 도움과 감시가 이루어지며, 영국 정부는 정책 수립에 관여하며 모든 과정을 감시·지원한다. 이러한 정책은 결국 고용주(기업)들과 고용인들 개개인에게 직접적인 영향을 주기 때문에 민감하게 관리해야 한다.

　이렇듯 기술 분야의 인재 양성은 산업기술의 성장과 밀접한 관련이 있을 뿐만 아니라 더 나아가 국가 정체의 기술력 향상과 선진화라는 거대한 의미로 확산될 수 있다.

직업자격은 곧 직무 능력 'NQF'에 대한 기준이다
영국의 직업자격을 기반으로 완성된
국가역량체계 NQF와 QCF

NOS를 기반으로 한 교육과정이 끝나면 일정 기준의 직무 능력을 갖게 되는데 이를 표로 정리한 것이 NQF다. NQF란 대학에 따로 진학하지 않아도 해당 전문 기술교육과정을 끝내면 학사와 석사 학위와 같은 수준의 인정을 받을 수 있도록 체계화된 '인증'이라 할 수 있다.

다시 말하면 NQF는 다양한 학습을 통해 얻은 결과(learning outcome)인 자격을 일련의 기준에 따라 인정하는 수준체계다. 학교(School, FE College, University 등)에서 일정한 과정을 마치고 교육자격인 학위를 받을 수 있는 것처럼 현장에서 도제 교육(apprenticeship)을 받고 직업자격인 NVQ를 얻을 수도 있다는 말이다.

영국의 경우 NVQ(국가직업자격, National Vocational Qualifications) 레벨5를 취득하면 NQF 레벨 7~8에 해당되어 해당 직업분야에서 석·박사와 동등한 수준의 자격을 취득했다고 말할 수도 있다는 의미다. 대학에서 석·박사학위로 인정받는 것은 아니지만 근로 현장에서는 같은 레벨로 인정받아 급여 등에 영향을 미친다.

NQF와 NVQ 적용 예시

NQF(국가역량체계)	NVQ(국가직업자격)	FHEQ(고등교육 자격체계)
Level 8	Level 5	박사 학위
Level 7		석사 학위
Level 6	Level 4	학사 학위

자료: 교육부 제공

예를 들어 학사학위를 취득해 NQF 레벨 6에 오를 수도 있지만 현장에서 교육과 경험을 통해 평가되는 NVQ 레벨 4가 되어도 같은 단계가 되는 셈이다. 학교에서 학문 중심의 교육을 받는 것과 현장에서 전문인 기술교육을 받는 것은 상호 통용되고 있기 때문에 직업교육의 체계 안에서도 또 다른 직업으로 이동이 가능해지고 개인의 진로지도가 완성될 수 있다는 것이다.

"NQF는 80년 전에 정리된 것인데요, 최근에는 다양해져서 QCF라 불리는 새로운 시스템이 함께 적용되고 있습니다.

QCF는 자격^{Qualification}과 학점^{Credit}, 규격^{Frame}이라고 말할 수 있습니다. 이것이 학생들로 하여금 한 분야에서 공부해 받은 학점을 다른 프로그램으로 전환시킬 수 있게 하고 있으므로, 훨씬 유동적이라고 볼 수 있습니다."

- 조정윤 선임연구원(한국직업능력개발원)과 인터뷰 중에서

NQF(National Qualifications Framework)

영국의 모든 인증자격체계는 NQF 레벨을 갖는다.
NQF 레벨이 일정 수준을 의미하기 때문에 학력이 아닌 다양한 학습을 통해
얻어진 지식과 기술의 깊이를 인증한다.
이 NQF는 직무에 대한 역량을 단계적으로 완성한 것으로써 분야에 진입하
는 첫 단계부터 최고 7레벨까지 그룹이 나뉜다.
직업 레벨과 각 직업별 자격제도를 매치했다.
최근에는 QCF가 활성화됐다.

NQF의 발전 단계

자료: 유럽직업훈련연구센터(CEDEFOP)

QCF(Qualifications and Credit Framework)

영국에서 시행되는 국가시험감사원과 동일하게 볼 수 있다.
영국의 학생 모두가 치르는 시험(GCSE, A-level 등)을 주관하고 있으며 전문
시험기관(ABRSM 등)의 자격체계를 인증하고 감사하는 책임을 맡고 있다.
보다 다양한 자격을 얻을 수 있는 길을 만들기 위해 학력규정을 만들어 각
유닛마다 학점이 부과되며 학점을 모두 취득하면 과정이 끝난다.
각 학점은 수강기간 및 준비기간까지 나타내는데 1학점을 얻는 데 일반적으
로 10시간의 수강시간이 소요된다.

QCF에서는 학점취득을 위한 총 3가지 방법이 있는데 Award는 1~12학점,
Certificate는 13~36학점, Diploma는 최소 37학점이 요구된다. 각 유닛과 자
격은 레벨로 구분되는데 Entry레벨부터 8레벨까지 난이도가 있다.

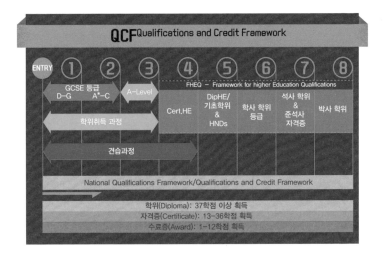

영국에서는 학교의 종류 또한 다양화시키고 교육과정 역시 세분화해 학생 개개인의 능력, 필요, 환경에 맞춰 적절한 교육 기회를 제공하기 위해 노력하고 있다.

이러한 변화가 의미 있는 이유는 이 모든 과정이 오늘을 사는 '현재'를 위한 교육이 아니라 청년들이 앞으로 살아갈 '미래'를 위한 교육이기 때문이다. 그들이 성장해 '세대의 허리'가 될 즈음에 꼭 필요하게 될, 어쩌면 세계를 이끌어갈 교육과정임을 미리 예측하여 준비하는 것이기도 하다.

대한민국의 현실과 비교해 볼 때 '대학 입시'를 위한 제도 개혁이나 '사교육비 감축'과 같은 사회적인 문제의 해결보다는 우리 청년들이 미래 사회에 필요한 능력을 자격으로써 갖출 수 있도록 도와야 하는 게 먼저 아닌가, 생각해 본다.

캐롤라인 로버츠
영국 고용기술위원회 부관리자와의 인터뷰

캐롤라인 로버츠 부관리자(영국 고용기술위원회)

제작진　단체에 대해서 소개해주시겠어요?

캐롤라인　영국 고용기술위원회(UK Commission for Employment and Skills)는 2008년에 설립되었습니다.

우리의 기술이 어떻게 발전되어졌고 어떻게 시행되는지에 대한 정부의 검토가 필요했죠. 우리의 기술이 타국의 노동자들과 그들을 위한 발전에 도움이 될 수 있도록 돕는 것이 단체의 목표입니다.

특히 고용주들의 시선에서 고용인들의 직책과 그 고

용과정을 보려고 하고 있는데요, 인력 공급이라는 점에서 볼 때 직업센터나 교육기관에서 실질적인 기술을 배울 수 있도록 관심을 갖는 것이죠.

제작진   단체의 목적에 대해 다시 한 번 설명해주세요.

캐롤라인 주된 목적은 노동자들이 그들의 존중성과 일터의 환경을 보장받는 것이고 나아가 계속 발전되고 있는 노동기술을 교육받을 수 있도록 하는 것입니다.
경제적 성장과 이익에 따라 최고의 성과를 낼 수 있도록 돕습니다. 그들의 기술들이 영국 내에서는 매우 생산성 있고 경쟁력 있기 때문에 우리는 고용주들의 입장에서, 고용주들을 대표해 정부와 협력하여 그들의 사업을 번창시키는 겁니다.

제작진   그런 목적을 위해 구체적으로 어떤 일을 하시나요?

캐롤라인 우리의 역할과 기능은 자료 조사를 하는 것이에요.
영국뿐만 아니라 유럽 전역을 통틀어 아주 정밀하고 품격 있는 자료 수집을 진행하고 있기 때문에 기술 발전을 위한 정확한 근거를 찾아냅니다.
또한 정부와 함께 정책을 수립하는 일에도 관여하는

데 이러한 정책은 고용주들과 고용인들에게 직접적인 영향을 주는 문제이기 때문에 매우 중요합니다.

제작진   고용주의 입장에서 어떤 지원을 하시는지요?

캐롤라인   정부와 함께 근로 고용기준을 세우는 일에도 관여합니다. 근로 고용기준은 가장 중요한 분야 중 하나이기 때문에 지속적인 발전과 유지를 위하여 전문가와 협력합니다. 또한 기술을 발명하는 데에 고용주들의 노력이 들어가기 때문에 그것을 뒷받침할 금전적인 문제와 기술 개발에 투자되는 각기 다른 종류의 펀드를 관리하기도 하죠. 결국 기술을 발전시킬 수 있도록 돕는 것입니다.

제작진   노동자들의 권리와 보호를 위해서는 어떤 노력을 하시나요?

캐롤라인   비즈니스, 혁신, 기술을 위한 부서(Department for Business, Innovation and Skills) 그리고 교육부서 (Department for Education and Skills)와 긴밀하게 협력합니다. 이곳은 영국 전역에서 가장 중요한 스폰서 역할을 하는 기관이라고 할 수 있는데요, 이들에게

다가가 기술정책에 대해 공유하고 이것이 어떻게 관리되어 가는지 확인하죠. 다시 말해 우리는 기술 및 기술발전 문제에 대해 근로자들과 함께 해결방안을 모색하려고 노력하고 있음을 뜻합니다.

제작진   직업자격제도인 NOS에 대해서 설명해주시겠어요?

캐롤라인   NOS는 간단히 말해 '일자리에 맞는 자격을 갖고 있음'을 증명해주는 자료를 뜻합니다.

최근에는 다양한 체계들이 통용되고 있는데요, 그 중 대표적인 것이 QCF와 NVQ입니다. 국가적인 차원에서 취업자격을 인정해주는 척도라 할 수 있죠. 중요한 점은 어떤 자격이든지 간에 국가취업자격에 기반을 두고 고용주에 의해 발전되므로 고용인들에게는 '당신을 위한 직업이 있고 당신의 능력을 필요로 하는 곳이 있다'는 자신감을 준다는 것입니다.

제작진   이런 국가자격제도가 가져온 변화를 어떻게 설명할 수 있을까요?

캐롤라인   자격을 갖춘 근로자들에 대한 신뢰가 가장 중요해요. 예를 들어 보건이나 안전 분야와 같은 경우가 더더욱 그렇습니다. 물론 그 외 모든 자격증들이 현장에서 활용될 수 있기 때문에 엔지니어링 분야나 제조 분야, 보건복지 분야 등에서 확실히 두각을 나타낼 수 있는 자격을 지닌 노동자들이 바로 현장에 투입돼 일하고 있습니다.

제작진   이런 기술교육이 대학교육과 밀접한 관계가 있는 건가요?

캐롤라인   단편적으로 있다, 없다로 말할 수 없지만 제가 생각하기에 가장 중요한 점은 좋은 교육을 받고 나서도 그에 관련된 하나의 길에만 의존하는 것이 아니라 또 다른 길도 모색해볼 수 있는 기회가 많아야 한다는 것입니다. 그러기 위해선 다른 대책을 세워야 합니다. 국가를 더욱 발전시키고자 노력하는 다양한 프로그램 중 하나가 '견습생' 제도입니다. 저는 어린 사람들이 좋은 직장에서 일을 함과 동시에 일 자체를 배울 수 있는 기회를 주어야 한다고 생각해요.

제작진   한국 사회에 해주고 싶은 이야기가 있으신가요?

캐롤라인   우리는 지금 영국에서 '사회적 동반자'라는 개념을 시작했습니다. 사회적 동반자란 현재 일하고 있는 모든 노동자들에게 그 길이 맞는지 정밀한 분석을 통해 확인시켜주고 해당 산업 안에서 앞으로 나아갈 길을 제시하는 것입니다. 이런 확인작업은 매우 중요합니다. 그리고 많은 사람들에게 실시하여 자료를 모으는 것이 중요합니다. 특히 어리면 어릴수록 더욱더 중요하게 적용되기 때문에 가능한 한 많은 길을 제시하는 것이죠.

제작진　끝으로 이런 제도가 영국 사회에 미친 영향은 무엇일까요?

캐롤라인　우리가 지난 2년간 일해오고 있는 프로젝트는 고용 소유 프로그램인데요. 고용인들을 모아 현장에서 필요한 기술교육이 무엇일지 고민하고, 어떠한 기술이 필요하게 될 지를 미리 알고 준비할 수 있게끔 학교에 앞으로 필요로 할 기술과 자격 조건 등을 알립니다. 이로 인해 경제가 불황임에도 불구하고 지난 5년간 고용 성장을 이뤄냈어요. 영국은 다시 경제를 세우고 많은 노동자들의 기술력 향상과 더 나은 미래를 위해 끊임없이 지원할 것입니다.

NQF? 국가역량체계?
단 한 명의 학생을 위한
수십, 수백 번의 평가가
성장의 원동력

영국의 NQF와
한국의 NQF

국가역량체계[NQF]란?

교육과 일자리가 연계될 수 있도록 하는 국가직무능력표준[NCS]을
기반으로 학교교육·직업훈련·평생학습제도·자격제도 등을 현장
중심으로 개편하고, 상호 연계하여 노동시장에서 스펙초월 채용
시스템과 직무능력평가제를 구축함으로써 능력중심사회를 구현해
나갈 수 있도록 지원하는 핵심기제를 의미한다.

– 한국의 NQF의 개요

NCS와 떼려야 뗄 수 없는 것이 바로 이 NQF이다.

쉽게 설명해 '어떻게 교육을 받고 어떻게 현장실습을 경험
해야 하는가'의 지표가 NCS라고 한다면, 이 NCS를 통해 갖춰
진 직무 능력이 곧 NQF인 것이다. 이렇게 국가적인 역량체계
로 정의하게 된 이유는 국민 개인의 능력이 곧 국가의 역량이
라는 핵심 때문이다.

LEVEL
8

관리감독

직무능력

현장관리

LEVEL
1

근로자

최고경영자

직무능력으로만
평가받는 체계

현장 중심의 경력 레벨
= 석 · 박사 레벨(NQF 기반)

NQF란 '학위·자격증·훈련경험·현장경력 등'과 같이 한 사람의 능력을 가늠할 수 있는 모든 스펙을 국가가 인증하는 '하나의 커다란 자격체계'로 통합하는 것을 의미한다. NQF가 구축되면 학교 안에서 배운 교육 내용만이 아니라 학교 밖에서 얻은 다양한 학습결과들도 체계적으로 인정받을 수 있게 된다. 이것으로 학습자가 배운 내용을 재차 배워야 하는 중복학습의 문제가 해소될 수 있으며, 자신이 어떤 역량을 갖추었는지를 고용주에게 제시할 수 있게 된다는 것이다.

이 NQF는 수준에 따라 석·박사와 같은 학위와 맞먹는 권위를 가진다(물론 이것이 우리 사회에서 현실적으로 어떻게 적용될 수 있을지는 분야별로 지켜봐야겠지만).

국가자격 체계를 운영하고 있는 외국의 경우 높은 수준의 직업자격에서는 NQF 7레벨 수준은 석사로 8레벨수준은 박사로 동등한 수준의 자격을 갖는다. NQF의 레벨에서 7이나 8의 단계에 도달하기 위해서는 현장에서 오랜 시간 경력을 쌓아야 하고 단계별 경력을 높이기 위해서는 필요 교육이나 시험이 있을 수도 있다(직업별·분야별로 다르다). 이런 시스템이 우리 사회에 적용된다면 전문 분야에서 오래 일한 사람들에

능력중심사회 만들기 과정

국가직무능력표준(NCS) 833개 직종 개발 완료(~2014)

특성화고 · 전문대학 교육과정, 자격제도 NCS기반으로 개편(~2015)

채용 · 인사 평가 등 능력중심 인사관리 확산(~2015)

국가역량체계(NQF) 운영안 확정(~2016) / 본격도입(2017~)

게 대학 졸업이란 그리 중요한 문제가 아니게 된다. 현장 중심의 일을 배우면서 일정 단계에 도달할 수도 있고, 공부로 일정 레벨을 올릴 수도 있다. 중요한 점은 '현장'에서 일을 잘 해온 사람들에 대한 '인정'이 체계로서 존재하게 된다는 것이고, '직업훈련기관'을 통해 충실한 교육의 '가치'를 평가받게 된다는 것이다.

학벌 중심의 사회가 능력 중심의 사회로 이동한다는 이론은 바로 이 'NQF'에서 찾아볼 수 있다. 학벌과 상관없이 실력으로 사회에서 떳떳하게 인정받는 길이 열린다는 것이다. 채용과정에서도 학벌 등의 차별이 사라지고 직장에서도 공정한

승진과 보상이 가능해진다.

물론, 우리 모두는 이런 세상이 어서 오기를 바라고 있지만 현실적으로 이에 맞는 준비가 선행되어야 한다. NQF가 가능해지려면 NCS 기반으로 교육·훈련·평가 시스템을 개편하고 검증하는 작업이 이뤄져야 하는데, 이에 대해 정부는 '2017년'부터 본격적으로 NQF가 도입될 수 있도록 준비 중에 있다. 분야에 따라서는 NQF를 시범 도입하기도 한다.

NQF의 미래를 꿈꾸는 학교

개인의 능력을 표준화된 기준으로 평가받기 원하는 직업 분야 중 대표적인 것이 바로 '예술적 분야의 전문직'이다. 그 중에서도 어떤 선생에게 배웠느냐에 따라 다른 인정을 받을 수 있는 것이 헤어디자인, 패션, 요리 등의 분야다.

제작진은 영국에서 출발한 NOS를 기반으로 하여 세계 28개국에서 직업자격을 인정받을 수 있다는 이유로 영국의 기술학교 교과과정을 그대로 가져온 한국의 한 학교를 찾았다.

동의과학대학교 헤어뷰티학과 수업

　그곳은 부산에 위치한 2년제 전문대학인 동의과학대학교
다. 이 학교의 미용계열 수업방식은 영국의 직업학교 '치체스
터 컬리지^Chichester College'가 실시하는 미용 분야의 교육체계를
가져와 공동학위과정을 운영하고 있었고 우리나라 정서에 맞
춰 조금 더 적극적으로 수업에 적용하고 있었다.

　동의과학대는 전문대학에서 헤어디자인을 가르친다는 것
에 차별성을 두고 싶었다. 쉽게 말해 서울 유명 헤어샵에서 고
된 인턴생활을 해야만이 인정받을 수 있다는 업계의 불문율
을 깨기 위해 고민을 해오다 답을 찾았다는 것이다.

김태영 동의과학대학교 헤어뷰티학과 교수

"영국의 경우 우리나라와는 달리 반세기 전부터 산업체와 교육부
에서 요구하는 인력, 수준을 정해놓고 그 수준에 맞는 체계적인 지
식과 기술적인 부분에 대한 이론을 확립했잖아요.
글로벌 시대에 맞춰 우리 학교 미용계열에서도 산업체가 요구하는
수준의 기술과 지식을 갖춘 인력을 양성하기 위해 선진 미용교육
시스템인 영국의 교육과정을 도입하게 됐어요."

- 김태영 교수(동의과학대학교 헤어뷰티학과)와 인터뷰 중에서

아직 NCS 기반의 교육과정 개발이 다 끝나지도 않은 상태
에서 해외의 학습모듈을 적용해온 이유는 학생들을 위해서라
고 했다. 차별화된 미용계열의 교육을 진행해 학생 개인에 맞
는 프로그램을 맞춰주고 싶어서였다는 것이다.

동의과학대학교 헤어뷰티학과 교육과정을 평가 중인
영국 치체스터 컬리지 대학 에스판 교수

교수과정보다 고달픈 것은 개인평가였다. 1대 다수의 교육 시스템은 맞지 않았다. 학생 개인에 대한 평가가 구체적인 진단으로 이어졌고 개인 포트폴리오가 등장했다. 2년간의 교육이 끝나면 그 사람이 가진 자질과 능력은 물론, 태도에까지 모든 것이 구체적으로 기록되기 시작했다.

포트폴리오를 만들어놓으면 영국에서 담당자가 1년에 두 번 학교로 방문해 실제 교육과정이 어떻게 진행되는지를 평가한다고 했다. 실제 학생들이 포트폴리오에 기재된 대로 기능을 익히고 있는지 개인 테스트를 하기도 하고 인터뷰도 진행했다. 또한 이론적으로 얼마나 알고 있는지에 대한 부분도 빼

놓지 않고 모두 점검하고 있었다. 학생의 포트폴리오는 일종의 증거 자료물이 되었는데 영국에서 온 담당자들은 자신들이 요구하는 기준에 부합되는지 그렇지 않은지를 통합적으로 평가해 학생들에게 자격증을 부여하고 있었다.

> "반면에 정말 힘든 과정이라 할 수 있는데요.
> 기존의 방식이 학생들에게 과제 내주고 레포트 써오면 읽어보고
> 채점해서 성적을 주는 것이 끝이었다면
> 영국 인증과정을 도입하고 난 뒤부터는 학생들이 정확하게 배워가
> 야 하기 때문에 맨투맨으로 개별 피드백이 주어지고 개별 역량에
> 대한 체크를 해야 하다 보니 교수의 업무량이 엄청나게 증가해 저
> 희 학과 교수님들이 많이 고생하고 있습니다."
>
> - 김태영 교수(동의과학대학교 헤어뷰티학과)와 인터뷰 중에서

학생들이 해당 과정에 따라 수업을 이수하면 영국 기업에서 인정하는 NOS의 레벨 4, 5를 받을 수 있다. 이로써 세계 28개국에 통용되는 글로벌 평가 기준을 얻게 된 것이다.

이러한 변화는 '자격증 하나를 더 갖게 되었다'나 '해외 취업이 가능해졌다'보다 더 큰 의미를 갖는다. 헤어디자인과 같은 분야에서는 전문교육을 받았음에도 불구하고 역량을 평

가하는 공인된 문서가 없어서 취업을 하더라도 급여 등과 관련한 실제 업무영역에서 적절한 대우를 받지 못했다. 이를 극복할 수 있는 방법으로 NQF는 좋은 대안이 된다.

다시 말해 기술력이나 직무에 대한 역량이 정확한 수준(레벨)으로 단위화되고 표준화됨으로써 적절한 대우를 받으며 현장에 투입될 수 있다는 점이 큰 장점이 되는 것이다.

> "전문대학의 미용기술교육 같은 경우 산업체에서 요구하는 인력상과 학교의 인력양성상이 엇나가는 형태로 이루어졌던 것이 기존 교육과정의 가장 큰 문제였어요.
> 영국 같은 경우에는 산업체의 요구를 교육 시스템에서 정확히 반영해 수준을 맞춰주니까 현장과 잘 접목될 수 있었습니다. 예를 들어 학생들이 레벨 3의 과정을 이수했을 때 해당 수준의 자격증이 획득·공인되므로, 레벨 3에 맞는 임금과 업무 영역 또한 정확해지는 거죠. 이렇게 되면 학생들의 목표도 확실해지고요."
>
> ― 김태영 교수(동의과학대학교 헤어뷰티학과)와 인터뷰 중에서

학생들에게 물었다. "학교에서 공부하는 것이 왜 좋은가요" 그랬더니 한 학생이 이렇게 말해 주었다.

"제가 나중에 해외 나가서도 '내가 이런 것을 전공한 사람이다'라는 걸 보여줄 수 있잖아요."

한 분야에, 한 수준의 단계로 인정을 받았을 뿐이지만 '자신이 어떤 사람인지, 어떤 분야의 꿈을 가지고 인재가 되기 위해 준비하고 있는지'에 대한 시간과 노력을 공인해주는 것 같아 기쁘다고 했다.

단 한 명의 학생을 위한 수십, 수백 번의 평가가 그들을 성장시키고 있었다.

조정윤 한국직업능력개발원
선임연구원과의 인터뷰

조정윤 선임연구위원(한국직업능력개발원)

제작진 NQF가 무엇인지 설명해주실 수 있나요?

조정윤 NCS를 기반으로 한 학습결과를 인정하기 위해서는
학교 졸업장이나 직업자격제도에서 부여한 자격증이
필요한데요. 우리나라의 교육훈련제도나 자격제도와
긴밀하게 연계되어 있지 않아서, 이를 해결하기 위한
제도라고 생각하시면 됩니다.

다시 말해 NCS를 통해 얻는 직업자격과 실제 노동시
장을 연결키 위해서는 자격을 평가하고 인증하는 분

류체계가 필요합니다. 수준분류체계를 통해 학력이나 직업자격과 같은 다양한 자격들 간의 동등성을 비교할 수 있도록 한 것이죠. NQF의 활용 측면에서 볼 때에는 학습자의 중복학습을 제거해 효율성을 증대하려는 것도 있고요. 또한 노동시장이 인정하는 자격을 효과적으로 취득할 수 있도록 안내하고자 합니다.

제작진　NQF의 목적은 뭐라고 생각하시나요?

조정윤　개개인이 경험하거나 학습한 자료에 대한 모든 능력을 인정해주는 시스템을 구축한다는 것이 첫 번째 목적입니다. 두 번째는 자기의 상황과 능력에 맞는 경력개발경로가 평생에 걸쳐 펼쳐질 수 있도록 틀을 완성하는 것입니다. 예를 들어 우리나라에는 미용 분야 전문가들이 많지만 사회적으로 그분들의 능력이 제대로 인정되고 있느냐? 의문이라는 거죠.

　　　또한 국가·사회적으로 능력을 인정해주는 틀을 교육훈련이라는 하나의 단일 트랙으로 두는 것이 아니라 여러 형태의 경력을 통해서도 그 능력을 인정받을 수 있는 틀을 개발해 개인의 능력개발이 지속적으로 이루어질 수 있도록 하는 제도가 NQF입니다. 앞서 설명했듯이 노동시장에서 요구하는 능력을 체득하기 위해 다양한 교육훈련자격제도 간의 연계가 밀착돼 국가 혹은 개인 차원의 자원낭비와 비효율을 절감하기 위한 것입니다.

제작진 　그럼 NCS 기반 교육이 상호 협력한다는 의미인가요?

조정윤 　NCS에 기반을 둔 교육훈련이 다양하게 이루어질 수 있도록 모든 경로를 열어두고, 평생에 걸친 학습이 실현될 수 있게 촉진하는 틀로서 작용됩니다. 그렇기 때문에 학습된 결과들이 서로 간에 동등성을 인정받아 중복된 학습을 하지 않게 유도하죠.

예를 들어 학교 수업비용에서부터 자격증 취득비용까지 비용이 어마어마한데도 학습자가 두 가지를 전부 취득해야 하는 이유는 각각의 자격이나 제도가 긴밀하게 연계되어 있지 않기 때문이거든요. 학습자의 입장에서는 결국 낭비인 것이죠. 이런 문제를 효과적으로 개선하고 앞으로는 학습자 개인이 자유롭게 자신의 경력개발경로를 선택할 수 있게 될 것입니다.

NCS 기반 교육훈련의 결과는 NQF상에 등록된 자격 취득과 연계되므로 NCS를 통해 취득된 다양한 자격이 NQF 안에서 인정받을 수 있습니다.

제작진   그런 수준(레벨)은 어떻게 나눠지게 될까요?

조정윤   지식과 기술(스킬) 그리고 산업현장에서의 활용 능력
이라는 관점에서 개인의 학습성과는 단계가 나눠지
는데요, 수준(레벨)에 대한 부분은 일단 1부터 8까지
여덟 단계로 어느 정도 합의됐습니다.

각 단계-레벨 1, 레벨2, 레벨3 등-의 의미는 그 사람
이 갖고 있는 지식, 기술, 실제 작업장에서의 직무수
행 능력을 종합적으로 평가한 '능력의 척도'라고 보면
돼요. 그래서 레벨 1에 있는 사람은 어떤 직종에 진입
하는 사람의 수준으로 보면 되고, 레벨 5나 레벨 6 정
도가 되면 해당 직종에서 매니저로서 책임을 갖고 일
할 수 있는 수준이 되는 사람으로 평가될 수 있습니
다. 즉 각각의 레벨은 그 사람이 실제로 갖고 있는 능
력에 대한 표상을 의미하는 것이죠.

제작진   학벌 중심에서 능력 중심으로 바뀌어 간다는 것이 바
로 이 NQF 안에 있잖아요?

조정윤   지금은 국가와 사회가 인정하는 최고 수준으로 갈 수

있는 방법이 '학벌'밖에 없는 구조잖아요. 이런 단선형 학제의 한계를 NQF로 극복해 다양화시키자는 것입니다. NQF는 자격취득이나 현장경험, 사전학습 인정 등을 통해 최고 수준의 인재로 인정받을 수 있는 대안을 제공할 것입니다.

제작진 예를 들어 설명해주실 수 있나요?

조정윤 대표적인 사례가 독일의 마이스터 자격입니다. 독일의 자격체계는 1단계부터 8단계까지 있는데 마이스터 자격을 취득한 사람은 학교를 갔건 안 갔건 NQF 레벨 중 6단계 레벨에 도달한 것으로 간주되는 거죠. 이처럼 해당 분야에서 인정되는 자격을 취득만 하면 학교에 가지 않아도 능력을 인정받을 수 있습니다. NQF의 최고 레벨이 되면 박사 학위, 국가기술자격의 기술사 자격을 취득한 것으로 인정됩니다. NQF 틀을 통해 국가·사회적으로 공식화되는 거죠.

제작진 그렇다면 결국 학교를 통하지 않고도 NQF에서 요구하는 최고 수준까지의 능력을 인정받을 수 있는 국가 시스템이 가능하다는 거죠?

조정윤　그렇습니다. NQF는 우리나라 인재개발 시스템에서
매우 중요합니다. 현장에서 능력을 키워 세계적으로
인정받았지만 학위가 없다는 이유로 다시 대학 및 대
학원에 가서 학·석사 학위를 따야만 하는 우리나라
의 기형적인 능력개발 시스템은 국가경쟁력을 향상시
키는 데 큰 걸림돌이 된다, 이렇게 보는 거죠.
NCS에 기반을 둔 학습결과가 자격취득으로 연결되기
때문에 NCS 관련정책이 현실화되기 위해서는 NQF
시행이 필요합니다. 다시 말해 NCS 활용을 촉진시키
기 위해서는 NQF라는 인프라가 필요하다는 의미고
요. 우리 인력의 해외진출, 국내시장에 빠르게 진입하
는 외국 인력 등과 같이 국가 간 인력이동을 촉진시
키는 제도적 뒷받침으로 NQF가 중요한 역할을 수행
하게 될 것입니다.

제작진　끝으로 현실적으로 정착하기 위해 얼마나 걸릴까요?
조정윤　통합형 NQF로 가는 데 어쩌면 2~30년씩 걸릴 수도
있습니다. 왜냐하면 교육과 훈련, 자격과 평생학습과
같은 것들이 어떤 교육훈련과 자격으로 동등하게 평
가될 수 있느냐, 이것을 맞춰보는 작업이 쉽지 않거든

요. 하지만 이 작업을 통해서 서로간의 동등성을 인정하게 되면 학습자 입장에서는 중도학습을 없앨 수 있으며 근로자들이 다시 학교로 가지 않고 근로경험 자체를 인정받을 수 있는 큰 틀이 만들어지게 될 것입니다.

이 모든 것이 통합되면 경력개발의 경로가 굉장히 다양해지는 것인데요, 그만큼 통합되고 자율적으로 적응되는 데까지 많은 노력과 시간이 걸린다고 할 수 있습니다.

이젠 모두가 안다

대학이 취업의 길은

아니란 것을,

각각 다른 사람을 위한
다양한 길

"개인의 적성도 또 흥미도

무엇을 잘하고 또 무엇이 부족한지

그것을 알게 되는 순간

우리는 스스로 미래를 설계할 수 있습니다.

각각 다른 길이지만 최선의 길이겠죠."

- KBS 다큐멘터리 〈NCS 인재혁명〉 중에서

우리는 기술교육이라든가 직업자격에 대해 취재하면서 인재를 만들어가는 방법 중 현장교육이 왜 중요한지를 알았다. 더 중요한 것은 현장경험을 쌓은 경력이 학력과 견주어 동등한 자격으로 인정받을 수 있는 가이드라인이 완성될 것이라는 사실이지만 이것이 꿈의 이야기만은 아닌지, 생각해볼 필요가 있다.

NCS를 기반으로 한 현장 중심의 교육과정이 우리 학교와 사회 안으로 들어오기를 기대하면서 NQF가 현실이 되길 간절히 바라지만 과연 이것이 어떤 방식으로 시도될 지는 감이 잘 잡히지 않았다.

학교 성적이 좋은 것은 그저 개인이 가진 하나의 장기일 뿐이라고 인식하는 덴마크인의 사고방식이 우리 사회에 뿌리내리는 것이 과연 가능할까, 의문이 드는 것도 사실이다. 길드와 같이 오랜 역사를 지닌 조합형태의 집단에서 기술을 검증해 교육과 함께 연계해 온 영국의 기술교육이 우리의 교육 안으로 들어올 수 있을지 조금씩 염려가 생겨났다. NCS에 기반을 둔 교육을 시작하려다가 어쩌면 'NCS'라는 타이틀을 내건 학원만 늘어나게 되는 건 아닐지 우려되기도 했다. 그래서 이를 일깨워줄 현실적인 사례를 찾기 시작했다.

영국의 NOS와 NQF의 제도적 가치를 인정하고 받아들여 국가적인 교육정책으로 수립한 나라가 있었는데 바로 오스트레일리아, 호주였다.

호주는 국제적 경쟁력을 향상시키기 위해 높은 수준의 기술력을 갖춘 노동력이 필요하다고 결론 내리고, 뒤처진 생산력의 해결과 혁신적인 기술개선을 위해 어떻게 인재를 양성할 것인가 고민에 빠졌다. 2020년을 목표로 두고 호주가 국제경제무대에서 선두가 되기 위해 어떤 변화를 가져와야 하는지 제도적 검토를 시작했다. 호주 정부와 주 정부는 고용주, 근로자, 직업교육기관 대표자들과 함께 국가직업교육체계를 개발하기 시작했는데 결국 '직업교육의 질과 일관성을 보장하는 틀을 완성하고 이에 맞는 직업교육을 시작해야 한다'는 것에 합의했다.

이후 호주는 정부 주도하에 직업교육학교를 만들었는데 사립 직업교육기관도 경쟁하며 참여할 수 있도록 문을 열어둬 다양한 기관들이 공적자금을 지원받아 직업교육을 할 수 있도록 격려했다. 고용주와 훈련생들이 '등록직업교육기관'을 직접 선택할 뿐 아니라 교육과정이나 수업도 탄력적으로 운영할 수 있어 교육의 질적 향상을 가능케 했다.

호주의 직업학교를 갈 수 있는 공식적인 나이는 15세다. 15세부터 64세까지의 사람들은 누구나 직업교육학교에서 자신이 원하는 기술이나 자격을 공부할 수 있는데 초·중등학교, 대학, 성인을 대상으로 한 교육기관, 직업교육전문기관과 다양하게 연계되어 있다는 것이 특징이다. 특별히 일반 중등학교 마지막 학년이 되면 이곳에서 학생들이 직업교육을 경험할 수 있게 하는데 이를 통해 학생 스스로 자연스럽게 자신의 진로를 결정하고 직업개발을 할 수 있도록 돕는다.

평생교육으로 이어지는 호주의 직업학교는 대학교육과도 긴밀하게 연계될 뿐 아니라 언어, 종교, 문화와 같은 특수 영역의 학습기회도 제공하고 있어 국가 전반에서 직업 능력을 개발하고 성장시키는 핵심 기제가 되었다.

우리의 형편은 어떠한가. 사실 중학교를 졸업할 16세가 되면 학생들은 인생 경로를 결정해야 하는데 상당수의 아이들이 인문고등학교로 진학하게 된다. 일부는 특성화 고등학교로 가기도 하고 소수는 유학을 결정하기도 하는데 그중 인생의 목표를 스스로 정하는 친구들이 얼마나 될까.

제작진은 16세의 나이에 호주의 직업학교로 유학길에 올랐던 한 남자를 취재할 수 있었는데 그는 서른이 넘는 나이에도 여전히 호주에서 일하고 있었다.

호주의 T 학교를 다닌 후 치기공사 일을 하고 있는 신원빈씨

"그때 중학교를 갓 졸업해서 진로에 대해 한참 고민을 하고 있었어
요. 대학에 가고 싶긴 했지만 시간이 아깝다는 생각도 들었고요.
사회에 빨리 진출하고 싶다는 욕심도 있었어요.
그래서 생각한 게 뭔가 만드는 일을 하자는 거였고, 주얼리 관련
공부를 할까 하다가 치기공으로 결정하게 됐죠. 그리고 바로 이 T
학교로 왔어요."

– 신원빈씨와 인터뷰 중에서

　　2000년에 유학 왔으니 벌써 15년째 타국살이를 하고 있는
원빈씨는 기술학교에서 공부하며 취업과 학문을 병행하고 있
는 생활이 매우 만족스럽다고 했다. 한국에서 대학을 가는 것
보다 호주 기술학교에서 공부하는 것이 더 다양한 진로를 꾀

할 수 있게 만들었기 때문이었지만 그에게는 또 다른 이유가 있었다. '종이'로 '공부'하기보다 '손'으로 '경험'하고 싶어서, 그것이 더 즐거운 작업이었기 때문이라고 말해주었다. 그렇게 호주로 날아온 뒤 그는 정부가 인증하는 직업기술 전문학교에서 공부를 시작했다고 한다.

새로운 삶이 시작됐다. 기술을 배우면서 돈도 벌었다. 이것이 호주가 자랑하는 '일과 학습을 병행할 수 있는 시스템'인데 일주일에 3일 정도는 수업을 하고 나머지 2일은 일할 수 있는 기회를 주었다. 그렇게 경험하게 된 '현장교육'이 바탕이 되어 학생들은 학교만 졸업해도 바로 투입되어 일할 수 있는 능력을 갖춰갔다고 한다. 배운 것을 현장에서 경험하고, 그 차이를 깨닫는 과정에서 학업과 현장의 차이를 줄일 수 있었다고 한다. 그래서 입사하고 난 뒤 새로 배워야 하는 것들은 거의 없었다고 했다.

제작진이 물었다. 만약 한국에 있었다면 지금 어떻게 지내고 있을 것 같나요, 라고.

"99.9% 대학에 갔겠죠. 사회적인 분위기도 그렇고 블루칼라가 인정받지 못하는 한국 사회니까. 저도 어쩔 수 없이 대학에 가지 않았을까 생각해요.

자기 의사와 상관없이 대학에 가도 '졸업하면 반드시 취직이 되어야 한다'라는 한국식 사고도 있고. 대학이 취업의 길은 아니잖아요."

- 신원빈씨와 인터뷰 중에서

어린 아들이 호주의 기술직업학교로 인생의 방향을 정했을 때 부모는 반대했었다. 하지만 15년이 지난 지금, 누구보다 아들의 선택을 지지하고 있다고 한다. 대졸자인지 아닌지로 아들의 능력을 평가하지 않았고 하고 싶은 일을 하면서 전문가로 성장한 것에 가족 모두가 기뻐하고 있다는 것이다.

호주의 교육 시스템이 성공의 필수조건이라는 이야기를 하려는 것이 아니다. 한 사람의 지극히 개인적인 사례지만 기술교육으로 인해 전문인이 될 수 있었고 사회에 진입하는 방식이 빨랐던 것은 부인할 수 없는 사실이다. 교육 시스템이 준 선물이자 현장과 학교를 오고가며 배우고 성장한 개인 노력의 결과이다.

마지막으로 중요한 것은 남들이 가야 한다고 말한 길이 아닌, 자신이 원하는 길을 '선택' 했다는 것. 직업기술학교가 누군가에게는 전문 분야로 '진입'할 수 있게 한 첫 번째 관문이 되었다.

호주의 기술고등교육기관 TAFE

    호주의 기술고등교육기관(TAFE: Technical and Further Education)
은 국가공인 공립기관과 민간교육기관으로 나눠진다. 각종 직
업에 종사할 인력을 양성하고 직무 능력을 향상시키는 일을
담당하는 호주의 가장 대표적인 직업교육훈련기관이다. 호주
시드니에만 7개 캠퍼스가 있으며 1년에 6만 4,000여 명이 700
여 개의 교육훈련과정에 참여하고 있다.

호주의 NCS 기술교육

호주 학생의 60%가량이 대학에 진학한다고 한다. 이는 기술학교를 졸업한 뒤 현장교육을 쌓다가 대학에 가는 사람의 수를 포함한 비율이다. 대학교육과 전혀 상관없이 직업교육을 받거나 취업을 하는 비율이 전체의 40%나 된다.

대학진학률이 한국(2010년 기준 79%)의 통계보다 낮은 이유는 간단히 말해 '필요를 느끼지 않아서'라고 한다. 대학을 나오지 않은 블루칼라 계층이 화이트칼라 계층보다 더 많은 임금을 받는 노동환경이 큰 영향을 미쳤다.

우리나라로 치면 전문대학이라 할 수 있는 T 학교는 직업 능력을 향상시키기 위해 국가 주도로 완성된 직업전문학교라는 것이 가장 큰 특징이다. 그래서 연령별로 한정된 교육이 아니라 직업군에 처음 진입하는 단계에서부터 최고 단계까지, 각 단계에 맞게 교육과정이 마련되어 있어 학생의 연령도 다양했다. 고등학생 나이부터 시작해 직업별 재교육까지 포함돼 평생교육 현장으로서의 책임을 갖는 것이다.

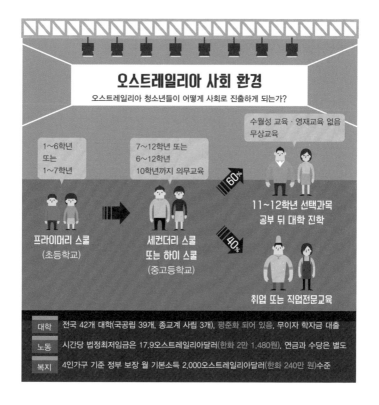

오스트레일리아 사회 환경

오스트레일리아 청소년들이 어떻게 사회로 진출하게 되는가?

1~6학년 또는 1~7학년

7~12학년 또는 6~12학년 10학년까지 의무교육

수월성 교육·영재교육 없음 무상교육

프라이머리 스쿨 (초등학교)

세컨더리 스쿨 또는 하이 스쿨 (중고등학교)

60%

40%

11~12학년 선택과목 공부 뒤 대학 진학

취업 또는 직업전문교육

대학	전국 42개 대학(국공립 39개, 종교계 사립 3개), 평준화 되어 있음, 무이자 학자금 대출
노동	시간당 법정최저임금은 17.9오스트레일리아달러(한화 2만 1,480원), 연금과 수당은 별도
복지	4인가구 기준 정부 보장 월 기본소득 2,000오스트레일리아달러(한화 240만 원)수준

　　수업은 철저히 실습 위주로 이뤄지고 학생들은 산업현장과 똑같은 최신기계들로 실습할 수 있다. 배관이나 타일을 관리하는 전문 기술자 코스부터 전문 트레이너와 보육교사를 양성하는 피트니스, 유아교육, 마사지 등에 이르기까지 다양한 직업에 대한 직무 능력을 기를 수 있다는 것이 특징이다.

이 기술학교의 뿌리에는 호주의 교육계와 산업계가 함께 개발한 호주의 NCS가 있다. NCS 훈련패키지를 토대로 국가등록훈련기관 중 90%가 기초 교육훈련을 진행하고 있는데 교육과정을 끝내면 직업자격을 주어 국가적 공인을 얻는다.

전 세계 곳곳에서
내 능력을 인정받다

호주의 AQF

"대학에 가지 말고 배관공이 되어라."

억만장자 마이클 블룸버그의 말이 화제가 됐던 적이 있다.

실제로 미국 뉴욕의 배관공 연봉은

8만 4,000달러로 고소득 블루칼라 직업에 속한다.

그만큼 전문기술직이 중요해졌으며

기술력으로도 충분히 부를 축적할 수 있다는 뜻이다.

빚을 내면서까지 대학에 가 열심히 공부하기만 하면

사회에 나가 최고가 될 수 있다는 말은 이제 옛말이 되어가고 있다.

지구 남반구에 위치한 거대한 대륙 호주의 면적은 남한의 64배지만 인구는 2,200만 명에 불과하다. 천연자원은 풍부하지만 상대적으로 노동력이 부족한 탓에 기술 인력에 대한 수요가 높아 어느 곳에서나 통용될 수 있는 표준화된 직업자격제도의 필요성이 절실했고 영국의 제도를 바탕으로 체계화된 직업교육제도가 성공적으로 운영되고 있다.

호주의 직업교육훈련 역사를 살펴보면 영국으로부터 도제 제도를 도입하면서 시작되었다고 하는데 주별로 다양한 역사와 환경을 근거로 다양한 직업교육훈련 제도를 발전시켰다고 한다(이광호, "호주의 직업교육체제의 분석과 시사점", 〈상업교육연구 제24권제1호〉, 한국상업교육학회, 2010.). 이후 최근의 직업교육으로 탈바꿈하게 된 것은 1970년대 국가적 차원에서 기술교육학교를 설립하고 1980년대 직업능력개발원이라는 연구기관을 세우면서부터 본격화되었다고 한다. 그리고 1995년에 호주자격체계AQF가 체계화됨으로써 드디어 국가적 차원에서의 직업교육 훈련과 자격제도가 자리 잡게 되었다.

호주의 교육 시스템은 이 AQF의 큰 틀에서 운영된다. 교육체계는 크게 직업 기술을 배우는 '직업교육훈련'과 대학 진학을 하는 '고등교육영역'으로 나뉘어 진행되는데 두 가지 영역을 넘나드는 철저한 능력중심평가가 이루어지고 있다. 여기에 작용되는 AQF는 모두 10개 레벨에서 14개의 공인된 자격증을 발급하고 있다.

대학에서 석·박사 학위를 취득한 학생이라도 해당 기술 분야에서 일하기 위해서 교육훈련자격을 다시 취득해야 한다.

호주자격체계(AQF; Australlian Qualification Framework)

총 10단계로 이루어져 있는데 각 단계별로 그에 맞는 기술의 깊이가 요구된다.

1단계(Certificate 1)는 기초진입단계로 훈련의 고등과정을 이수하기 위한 예비단계이며 Certificate 1에서부터 Advanced Diploma까지 총 1~6레벨이 직업교육을 의미한다.

석사와 박사 수준의 고등교육은 현재는 대학기관의 학위로만 정의하지만 각 섹터들 간의 지속성을 유지시켜 고등교육과 직업교육의 연관성을 강조한다.

호주자격체계

Australian
Qualifications
Framework

(1) 1단계 자격증

(2) 2단계 자격증

(3) 3단계 자격증

(4) 4단계 자격증

(5) 학위증

(6) 상급 학위증
준학사 획득

(7) 학사 학위

(8) 우수 학사 학위
준석사 수료
준석사 학위

(9) 석사 학위

(10) 박사 학위

진학하거나 취업할 때 한 사람의 실력을 나타내주는 지표 중의 하나가 '어떠한 교육을 받았나'인데 이때 '내가 제대로 된 공식과정을 거쳤다'라는 걸 증명해주는 것이 바로 자격증이다.

AQF('교육자격제도'라 부르기도 함)에 관해 간단하게 소개하자면 교육과정과 자격증을 연결시킨 교육 프로그램이라고 할 수 있다. 각 단계에서 고등학교 교육이나 직업기술전문교육 등이 동시에 인정되고 있으며 대학교와 대학원에 이르는 교육과정까지를 구분해 10개의 레벨 단계로 나누고 이것을 국가 자격으로 통일한다. 다시 말해 단계에 맞춰 성실하게 배우고 교육과정을 마치면 이를 '인증'하는 자격증이 주어지는 것이다.

한국의 NQF와도 비슷한 시스템인데 검정고시를 치른 사람에게 중학교, 고등학교 수료증을 제공하듯이 호주에서도 호주 공교육을 받지 않았지만 이에 준하는 훈련을 이수한 사람에게는 교육 이수를 인정하는 수료증을 제공하고 있다. 이 모든 것을 통틀어 간단하게 '자격인증'이라고 할 수 있다.

AQF의 가장 큰 장점은 잘 짜인 단계 안에서 다음 단계로의 진입이 쉽다는 것이다. 자신이 해왔던 현장의 경험이나 일, 학습의 모든 것을 '이전학업인정RPL'이라 한다면 이를 통해 교육기관은 다음 단계로 이동하거나 편입할 수 있게 도와준다.

이런 시스템은 타국에서 취업할 때에도 자격을 인증할 수 있어 도움이 된다. 외국 고용주들이 취업희망자에게 어떤 교육체계에서 어느 단계의 교육을 이수했는지 의문을 가질 때 효과적으로 희망자의 교육이력을 입증해 줄 수 있다. 또한 학생들이 취업 계획을 수립할 때 다양한 선택을 할 수 있도록 도와주는데 매 과정을 이수할 때마다 다음 단계로의 진학이나 취업 후의 삶을 계획할 수 있다는 장점이 있다.

AQF를 기준으로 완성한 호주의 기술직업학교는 전공학과가 현실적으로 나눠져 있다. 직업의 다양성을 인정해 직업 프로그램이 매우 다양하며 학습 형태 또한 개인의 성향을 반영해 다양성을 띤다. 직무 능력을 습득할 수 있는 교육현장도 다양해 개인의 여건이나 자질을 고려해 선택할 수 있음은 물론이다. 기술직업학교가 공립이든 민간이든 하나의 큰 그룹 안에 속해 있으므로 인력 파악이 가능하다는 사실이 국가적으로 큰 힘이 된다.

언젠가 한국 사회에도 만여 개 이상의 직업군에 맞는 진로개발지도가 만들어지고 이것이 호주와 서로 통용되며 글로벌 무대 어디서든 인정받을 수 있는 사회가 온다면 지금보다는 조금 더 신날 것이다.

호주의 직업교육체제가 긍정적인 이유는 교육 대상자가 응답한 만족성이나 유용성의 통계에서 더 명확해진다. 취업을 목적으로 선택했든 자기발견을 위해 대학을 선택했든 설문평가 통계수치가 학교와 사회, 국가에 대한 신뢰 수준을 반영하는 만큼 교육에 대한 개개인의 만족도가 높다는 것은 우리의 현실에 시사하는 바가 크다. 한국의 청년들에게도 '어떤 과정을 통해 능력을 키워낼 수 있는지'에 대한 구체적인 길이 열리길 바랄 뿐이다.

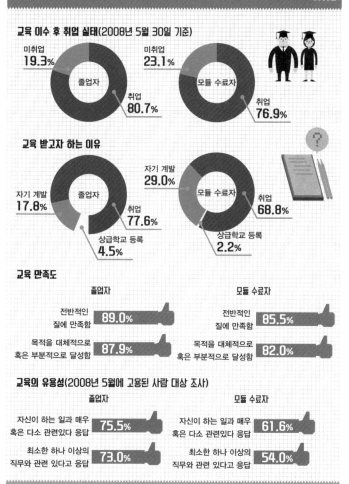

직업교육기관 졸업자 및 모듈 수료자의 일반적인 현황

2008년

교육 이수 후 취업 실태(2008년 5월 30일 기준)

미취업
19.3%

졸업자

취업
80.7%

미취업
23.1%

모듈 수료자

취업
76.9%

교육 받고자 하는 이유

자기 계발
17.8%

졸업자

취업
77.6%

상급학교 등록
4.5%

자기 계발
29.0%

모듈 수료자

취업
68.8%

상급학교 등록
2.2%

교육 만족도

졸업자

전반적인 질에 만족함 **89.0%**

목적을 대체적으로 혹은 부분적으로 달성함 **87.9%**

모듈 수료자

전반적인 질에 만족함 **85.5%**

목적을 대체적으로 혹은 부분적으로 달성함 **82.0%**

교육의 유용성(2008년 5월에 고용된 사람 대상 조사)

졸업자

자신이 하는 일과 매우 혹은 다소 관련있다 응답 **75.5%**

최소한 하나 이상의 직무와 관련 있다고 응답 **73.0%**

모듈 수료자

자신이 하는 일과 매우 혹은 다소 관련있다 응답 **61.6%**

최소한 하나 이상의 직무와 관련 있다고 응답 **54.0%**

자료: NCVER, Australian vocational education and training statistics Student outcomes 2008

멜리사 매퀸 산업부 국장과의 인터뷰

멜리사 매퀸 호주 산업부 국장

제작진   호주 직업교육의 특징을 설명해주세요.

멜리사   호주의 직업교육에는 아주 중요한 두 가지 측면이
있어요. 첫 번째는 '산업의 요구에 부응하는 시스템'
이라는 것인데 자격내용과 해당 시스템의 질적 수
준을 결정하는 데 관여하는 고용주들의 만족성을
높이기 위해 굉장히 집중합니다.

두 번째는 '품질보증시스템을 갖춘 것'인데 높은 수
준의 훈련이 가능하도록 규제할 뿐 아니라 필요할
때 훈련 안팎으로 사람들이 유동적으로 넘나들 수

있도록 허용하기 위해서입니다. 이런 융통성 있는 산업 중심의 훈련이 호주 직업교육 부문의 핵심입니다.

제작진   직업교육이 평생에 걸쳐 가능하다고 들었는데요.

멜리사   맞습니다. 저희 훈련 시스템에서는 인생의 어느 시기에도 직업훈련을 받을 수 있는데 학교에 있는 동안이나 고등학교 졸업 직후 혹은 졸업이 한참 지난 이후에도 다시 돌아와 훈련받을 수 있습니다.

또한 새로이 전업하고자 할 때의 재훈련으로써 특히 중요한데 스스로 기술을 개선하거나 확장하기 위해 새로운 자격증에 도전할 수 있죠. 새 자격증은 기술과 업무실습의 변화에 대응하는 데 아주 중요한 역할을 합니다.

제작진   대학과정을 이수한 뒤에도 직업학교에 가는 사람이 있나요?

멜리사   많습니다. 다양한 연령대의 사람들이 직업훈련에 참여하고 있는데 중·고등학교를 졸업한 후 대학의 대안으로써 직업훈련을 받는 사람들이 가장 많고, 대학과정을 이수한 뒤에 기술 자격증을 따는 데 도움을 얻고 실무 능력을 기르기 위해 직업교육을 받는 사람도 많습니다.

하지만 결국 우리 시스템은 평생학습을 위해 세워졌기 때문에 사람들은 그들 인생 중 어느 나이에고 직업훈련을 받을 수 있죠. 직업을 바꾸길 결정한 중년의 견습생들도 많아요. 우리 시스템의 좋은 점 중 하나는 어느 나이에도 할 수 있다는 거예요.

제작진　어린 학생들에게는 직업을 정하는 일이 쉽지 않을 텐데 어떻게 돕고 계신가요?

멜리사　최근 우리 정부는 정보의 질을 높여 학교를 졸업할 때 '자신이 할 수 있는 선택'을 이해할 수 있도록 돕는 데 중점을 두고 있어요. 부모와 직업상담가들은 아이들에게 어떤 자격증이 적합할지 도움을 주고 있죠. 예를 들어 'My Skills' 웹사이트를 개설해 정보를 제공하는 등등의 일들을 말이죠.

호주 정부는 직업훈련의 정보를 향상시키는 방법들을 지속적으로 찾고 있기 때문에 젊은이들과 그들의 부모들은 직업훈련을 오래 고민하여 신중히 결정할 수 있다고 생각합니다.

제작진   한국에는 견습^{Apprenticeship} 시스템이 없는데요, 이에 대해 더 설명해주시겠습니까?

멜리사   네. 우리가 가진 가장 흥미로운 특징이 바로 견습 시스템인데요. '견습'이란 '일하는 동시에 배우는 과정'을 말하며 우린 이걸 'Earn and Learn(벌고 배우다)'이라고도 부릅니다. 이는 고용주와 훈련 제공자가 함께 계약을 맺는 것으로부터 훈련이 시작되는데 분야에 따라 6개월부터 3년까지의 시간이 소요됩니다. 그들은 고용주와 함께 일하며 현장에서 배우고 훈련받습니다. 또한 일주일에 1~2회씩 이론적 배경지식에 대한 교육을 받기 위해 기관(학교 등)에 갑니다. 직업교육자들의 25% 정도가 이 견습제도를 이수하는데 고용결과가 매우 성공적입니다. 특히나 전기, 목공, 배관, 요리와 같은 분야는 직업 훈련을 이수하는 동안에는 이 견습제도를 필수적으로 거쳐야 하고 공부하는 중에 돈을 벌 수 있는 기회와 현장을 제공하고 있습니다.

제작진   실무교육에 관해서 조금 더 이야기해주세요.

멜리사   많은 수의 대형 훈련기관들이 실무 작업을 훈련과정에 통합시켰습니다. 실제 현장에서 일하며 훈련제공처에서 직접 평가받는 경우가 많은데 형식적으로 견습생과정을 거칠 필요 없이 현장에서 바로 배울 수 있다는 장점이 있죠. 현장에서 기술을 배우는 것이 사실 실전기술을 익히는 최선의 방법이죠.

제작진 다양한 분야에서 이런 현장교육이 가능한가요?

멜리사 우리 훈련의 장점 중 하나는 모듈화인데요. 사람들이 과정 전체를 거쳐야 하는 게 아니라 과목처럼 유닛을 선택해 이수할 수 있고 다른 자격들이 전반에 걸쳐 공유될 수 있죠.

만약 누군가 경영학을 선택했지만 회계나 회계장부 담당자가 되고 싶다면 경영학으로 이수한 과목 중 회계에 관련 있는 자격들에 부합하는 게 있다면 학점으로 인정되는 방식이죠. 이는 다른 직종으로 이동하고 싶어 하는 사람들에게 새로운 교육의 시간을 줄여줍니다.

만약 회계장부 담당자에서 목수가 되고 싶어진다면 큰 차이가 있을 수 있겠지만 시스템은 여전히 이런 접근을 허용합니다.

제작진   새로운 직업으로 이동할 때에도 공공기금이 지원되나요?

멜리사   만약 당신이 제2 혹은 제3의 자격을 준비한다면 여러 레벨의 공공기금이 지원됩니다. 장벽이 없어요. 제 친구의 경우에도 3번의 견습을 했는데 첫 번째는 자물쇠공으로, 그리고 목수와 배관공을 했죠. 현재 그는 이 세 업종을 모두 성공적으로 영위하고 있습니다.

제작진   이런 직업교육 시스템이 가진 장점은 무엇일까요?

멜리사   산업의 요구에 집중하는 시스템의 특성상 우리가 원하는 기술이나 재능의 발전에 도움이 된다고 확신합니다. 우리 시스템 환경의 주요점은 기술의 빈자리를 추가적으로 지원한다는 것입니다. 이를테면 어떤 직종에선 전기공, 용접공과 배관공 등이 부족한데, 이 분야의 견습생을 선택한다면 추가적인 지원이 제공되는 식으로 말이죠. 혹은 이 분야의 고용주가 직접 견습생에게 추가적 지원을 제공합니다.

제작진   이것이 어떻게 가능할까요?

멜리사   연방정부로서의 우리는 모든 분야에 자금을 분배하

는 것보다 기술의 빈자리에 더 주목하고 있기 때문
에 지역에서 도움이 필요하다면 지원을 합니다. 적
절한 지원을 위해, 그리고 실제 산업에서 필요로 하
는 인력을 기관에서 가르치기 위해, 양질의 노동시
장 분석이 요구됩니다.

현 정부는 교육체계 내에서 산업의 관심분야를 더
욱 강화하고 있기 때문에 산업계에서 폭넓게 요구
하는 기술을 가르치려고 노력합니다. 이를 통해 국
민들을 발전시키고 훈련시켜 호주 사회의 인력빈곤
을 채울 수 있습니다.

제작진   그렇다면 대학교육을 받은 사람과 직업교육을 받은
사람 모두에게 지원이 되나요?

멜리사   균형 잡힌 사회에서는 대학교육을 받은 사람과 기술
훈련을 받아 자격을 갖춘 이들 모두가 필요합니다.
우리 시스템은 이 두 가지를 가능하게 만들었기 때
문에 호주 자격체제는 대학교육과 기술훈련을 한데
합쳤다 생각하면 됩니다.

그래서 대학교육 이후 직업훈련으로 전환, 혹은 직
업훈련 이후 대학교육으로 편입하는 걸 쉽게 만듭니

다. 대학교육은 학사나 그 이상에서 전문 분야를 중점으로 두는데 기술교육은 업무 중심의 기술이죠.

제작진 대학교육과 직업교육 간의 유동적 이동으로 얻게 된 성과는 무엇일까요?

멜리사 먼저 말씀드리고자 하는 점은 한쪽 방향이 아닌 쌍방향에서 이동이 자유롭게 이뤄진다는 것입니다. 직업교육에는 중요한 가치들이 내포되어 있는 동시에 고용결과도 아주 좋습니다.

대학 학위를 갖고서도 일자리를 구하는 데 어려움을 겪는 이들에게 또 다른 상위 학위를 따는 것보단 실용적인 기술을 얻는 것이 구직하는 데 실질적인 도움을 주며 장기적으로 볼 때 임금도 더 높을 것이라 여겨집니다.

제작진 두 경우는 어느 정도 비율로 나눠지나요?

멜리사 각각 30% 정도 됩니다. 근소한 차이로 직업교육을 받고 대학교육으로 이동하는 경우가 조금 더 많아요. 40% 정도의 18~25세대가 대학 학위를 소지하고 있습니다. 하지만 최소 30%보다 많은 수의 대학 졸업자들이 바로 직업교육에 뛰어들죠. 왜냐하면 공공자본에 의한 무료교육을 기본으로 하고 있기 때문이며 직업교육을 받는 것도 마찬가지로 무척 매력적인 선택이기 때문입니다. 정부는 기술훈련을 권장하고 있고요.

다시 말해 우린 언제나 배관공이 필요해요. 또한 금융 학위 소지자도 필요하죠. 균형 잡힌 사회를 위해선 둘 다 필요합니다.

제작진 이런 제도의 출발은 빈곤한 인적 기반 때문이라는 자료가 있던데 맞나요?

멜리사 호주 정부는 인적 기반의 빈곤을 인정하고 발전적으로 나아가기 위해 우리에게 필요한 건 직업교육과 고등교육을 아우르는 유연한 교육 시스템이라고 판단했습니다. 중요한 도전이었고 '기술직업교육'이 호주 산업의 한 부처가 된 이유이기도 합니다.

정부는 호주가 제조업이나 광산업 등에서 생산성을 증가시키는 혁신적이지 않은 나라라는 책임적 생산성 의제를 위해 기술과 직업훈련을 핵심적인 부분으로 여겨야 한다고 봤습니다.

인재는 반드시 산업적 요구의 이해에 맞춰 평가받아야 합니다. 따라서 고용주를 적극적으로 포용하고 알맞은 수준의, 알맞은 방향의, 적합한 분야에 맞는 기술을 사람들이 갖추어졌는가에 대해 정부는 주목하고 있습니다.

제작진   이런 제도가 현실적으로 적용되기 위해 갖춰져야 할 것은 무엇일까요?

멜리사   모든 사람에게 다양한 기회를 제공해야 한다는 가치가 가장 중요합니다. 또한 교육과정에서 강력한 품질보증 기반을 갖춰야 한다는 것이 매우 중요한데 다시 말해 개인에게 부여되는 자격이 실무와 밀접하게 닿아있음을 보장하는 것이 필수입니다.

만약 자격이 직업을 갖는 데 실제로 도움을 주고 그 직업이 높은 임금을 약속한다면 각 개인은 대학만큼이나 이런 직업 훈련에 매력을 느낄 겁니다. 즉 사람들의 의식구조를 바꾸기 위해서는 질적인 수준과 신뢰를 충족시키는 시스템이 필요합니다.

| 제작진 | 한국도 지금 이런 노력을 하고 있는데요, 의식구조의 개편이 먼저 이뤄져야겠네요. |
| 멜리사 | 호주가 지금 하고 있는 일이 바로 그것입니다. 한국에도 강력한 제도를 만들기 위한 도전이 필요하다고 생각합니다. 지금 한국에선 모두가 대학에 들어가 학사 학위를 받아야 한다고 생각하지만 실업난에 허덕이고 있어요. 학사 학위가 직업을 갖는 데 아마 도움을 줄 수 있겠죠. 하지만 직업훈련은 더 확실한 도움을 줄 겁니다. |

호주에선 무역 자격을 가진 사람들이 어떤 대학을 졸업한 사람들보다 많은 돈을 받으며 일합니다. 왜냐하면 그들에 대한 수요가 많으며 그들 역시 독자적으로 일할 수 있어서입니다. 그들의 기술에 수요가 있으니까요.

인재혁명은

반드시 일어난다

우리도 무언가를
창조할 것이다

"우리는 창조자다.

과거의 수많은 집단들에 합류할 수 있을 정도로

우리도 무언가를 창조했다.

우리가 모자를 쓰고 문을 밀어 열 때

혼돈 속으로가 아니라 세계 속으로 성큼 들어가는 것이다.

우리 자신의 힘을 정복하고, 빛을 발하고,

영원한 길의 일부로 만드는

세계 속으로-"

– 버지니아 울프,《The Waves》중에서

겨우 열세 살의 나이에 어머니를 잃어버린 소녀는 견딜 수
없는 슬픔의 무게에 짓눌려 평생 '자신만의 생각의 방'에서 갇
혀 지냈다고 한다. 평생을 강박에 시달리며 극한 우울과 싸
우면서도 끊임없이 도전하기를 포기하지 않았던 그녀는 바다

로 새로운 출발을 하려는 의지를 담은 《출항》과 혼돈의 삶에 위로를 기다리며 《등대로》를 써낸 여류소설가 버지니아 울프 Virginia Woolf다. 우리에게 그녀의 이름은 낯설지 않다.

시인 박인환은 자신의 시 〈목마와 숙녀〉에서 기묘하고 불안정한 연대를 살아가는 좌절과 허무를 '버지니아 울프의 생애'을 이야기하는 것으로 표현하기도 했었다. 한번쯤 그러자고 해보고도 싶다. 지치고 좌절해 방황하는 청년의 우울 역시, 어쩌면 버지니아 울프의 생애를 함께 이야기하는 것으로 위로될 수 있을까.

지치도록 힘든 날 스스로의 연민에 빠졌을 때라도 우리는 우리가 '창조자'라는 생각을 버려서는 안 된다고, 그녀는 우리에게 이야기해준다. 혼돈 속으로가 아니라 세계 속으로 성큼 들어가야 한다고도 가르쳐준다. 우리 자신의 힘을 꺼내 정복하고, 빛을 발하고, 또 영원한 길의 일부로 만들 그 세계가. 반드시 분명. 기.다.리.고 있다고 말이다.

청년의 문제가 개인의 문제를 떠나 국가의 문제라는 것을 인정하게 된다면, 그 다음은 해법을 찾아내야 하는 것이고 함께 노력해야 하는 것이다. 가는 길이 복잡하고 어려우며 많은 노력과 시간이 걸릴 것으로 보인다고 해서 포기부터 할 수도 없는 일이다. 지금의 세대는 물론 다음 세대를 위해서 다시 설계를 변경하고 골조를 튼튼히 해야 한다.

우리에게 현대사회라는 것은 사실 '급히' 찾아왔다. 아니 찾아왔다기보다는 가져왔다는 말이 맞을 것이다. 필요한 것부터 우선 가져와 급히 '성장시키는' 동안 잘못된 인식, 습관적 판단에 빠졌을 수도 있다. 그러니 다시 들여다보면 되지 않을까.

처음 NCS의 개념을 통해 '인재혁명이 어떻게 일어나야 하는가'라는 대주제를 펼쳐놓고 이야기에 주인공이 될 청년과 소년, 소녀들을 바라보다가 문득문득 떠오르는 것은 '성장'이라는 놀라운 단어였다. 아동에서 성인이 되기 위해 '성장'하는 청소년들은 가치관의 혼돈이라는 '성장'통을 겪으며 자신을 만나려고 몸부림친다. 물론 그 시간들이 어딘가 갇힌 듯 답답하게도 느껴지지만 폭탄이 터지듯, 계단에 올라선 듯, 산을 정복한 듯 어느 날 '성장'했다는 것을 우리는 알게 된다.

청춘은 '자신만의 방'에서 탈출한 뒤 다시 스스로가 정복할 수 있는 '세계로' 갈 것을 열망한다. 그 과정에서 우리는 자신을 만나고, 재능을 발견하고, 가치를 덧붙이기 위해 경험을 쌓는다. 그렇게 또 다시 '성장'한다.

NCS를 기반으로 한 학습과 현장 중심의 교육을 통해 우리가 '성장'할 때 그것을 국가적인 틀 안에서 인정하고 격려해주겠다는 약속이 있다면 물론 반갑다. 800여 개의 직무능력표준을 완성해 개인이 다양한 방식으로 '성장'할 수 있도록 도와준다면 그것도 역시 반갑다. 그럼에도 걱정스럽게 실눈을 뜨고 그 안의 허점을 찾아내고 싶어졌을 때, 나는 '성장'이라는 단어를 우리의 제도와 사회에, 또 국가에도 나눠주고 싶어졌다.

개인의 성장만큼 중요한 것이 우리 사회의 성장이고 개념과 가치의 성장이며 제도와 국가의 성장이므로 함께 성장해갈 수 있도록 기대하며 기다리기로 한다. 이 일에 동참할 수 있는 일이 있다면 우리 사회의 좋은 어른이 될 방법을 찾아보는 것이 아닐까.

강순희
경기대학교 직업학과 교수

학위가 신호기능을 못 하는 것은
누구나 갖게 되기 때문인데

강순희 경기대학교 직업학과 교수

"모든 평가기준이 이런 식으로 정해진다고 하면 시청자 입장에서 관련 학원들이 많이 생기는 게 아닌가 하는 우려의 목소리가 있을 것 같아요. NCS가 또 다른 스펙이지 않냐 이런 우려가 있겠지만 저는 이러한 스펙 쌓기는 바람직하다고 봅니다.
어디까지나 전제는 '품질관리'거든요.
NCS가 산업현장 수요의 기반 아래에서 철저히 잘 만들어진 것이라면 그에 맞춰 제대로 가르치고 능력을 인정받고 하면 좋은 거죠. 우리나라는 그렇게 될 것입니다."

— 강순희 교수(경기대학교 직업학과)와 인터뷰 중에서

부정의 눈으로 보면 모든 것이 부정적이지만, 이 문제를 오랜 시간 고민해온 전문가들은 조금 다른 이야기를 해주었다.

국가가 보증하는 인력의 품질관리가 가능하다면, 남은 일은 개인이 원하는 것이 무엇인지를 결정하기만 하면 된다는 것이다. 자신의 형편에 맞춰 현장에서 돈을 벌며 배워도 되고, 뜀박질을 하며 배워도 되고, 가만히 앉아 책을 읽으며 배워도 되는 것이다. 적당한 때에 뛰어다니던 학생이 학교로 가고, 책상 앞에 있던 아이가 현장으로 달려가면 되기 때문에, 누구의 강요도 아닌 스스로의 결정으로 오고가는 미래가 올 것이라고 기대할 수 있다.

NCS가 가져올 또 하나 강점은 NCS 개발 내에 '경력개발 경로의 로드맵'이라는 지도에 있다. 이 지도 안에는 각 분야에 따른 명확한 예시가 존재하는데 단계에 맞는 직업이 표시되어 있고 어떤 단계에서는 다른 분야의 직업군으로 자유롭게 이동할 수도 있음을 명확하게 밝혀주는 것이다.

경력개발직업지도(Career Path)는 NCS 개발 분야마다 반드시 존재한다. 이것이 개인의 진로지도나 진로교육에 활용될 수 있고 누구나 이 정보를 통해 미래를 설계할 수 있다. 학교에서든 고용센터나 고용서비스 기관에서든 경력진로를 상담하거나 지도할 때 NCS 기반에서 완성된 지도를 사용한다면

경력개발직업지도(Career Path)의 예

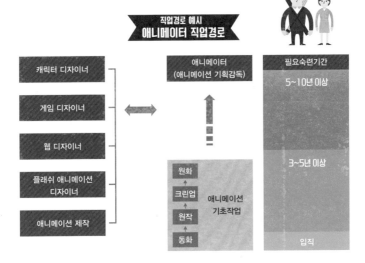

직업경로 예시
애니메이터 직업경로

| 캐릭터 디자이너 |
| 게임 디자이너 |
| 웹 디자이너 |
| 플래쉬 애니메이션 디자이너 |
| 애니메이션 제작 |

애니메이터
(애니메이션 기획감독)

원화
↑
크린업 애니메이션
↑ 기초작업
원작
↑
동화

필요숙련기간
5~10년 이상

3~5년 이상

입직

능력 중심의 커리어, 경력경로를 찾아나가는 데 상당히 훌륭
한 지침이 될 수 있을 것으로 기대하고 있다.

개인이 NCS를 통해 학습과 경력을 쌓게 되면 다시 국가의
관리 안으로 들어가게 되는데 이런 인력관리가 국가 경쟁력에
도 도움이 된다는 것이다. 또한 아시아를 비롯한 세계 노동시
장에서 우리가 갖춘 직업체계가 경쟁력 있게 인정받을 수 있
을 것으로 기대한다.

"국가 간 인력교류, 인력이동을 할 때 예를 들어 '우리가 NCS 3등급이면 너희 NCS 3등급이랑 같은 거다. 그러니 인정해 달라'라든가 '너희 나라 3등급이 우리나라에 오면 똑같은 수준으로 인정하겠다'라는 인력의 상호 인정, 능력 수준의 상호 교류 등을 촉진시키기 위해 NCS가 필요한 것이죠."

— 강순희 교수(경기대학교 직업학과)와 인터뷰 중에서

우리나라에서 NCS에 대한 필요를 느끼고 준비를 시작한 때는 IMF에서 빠져나온 2000년대 초반부터라고 한다. 10년의 개발 토의가 이뤄졌고 3년의 시범사업도 진행되는데 과연 이에 대한 성과가 무엇이냐고 묻는다면 아직은 '개발 중'이다.

성과는 이제 우리가 만들어야 할 과제다. 이제 이것을 어떻게 활용할 것인가의 고민은 '기업 현장에서 인력 고용에 실제 적용시켜 보는 것'으로 답을 찾을 것이다. 취재 중에 알게 된 몇 개의 학교에서는 실제 NCS를 기반으로 편성된 교육 프로그램으로 많은 변화를 실감하고 있었다. 이와 같은 변화를 가장 반길 사람은 교육받는 대상인 학생과 훈련생이고 그들을 고용한 기업이다. 현장에서 필요한 직무를 배우고 익힌 뒤 취업하기 때문에 빨리 직무에 투입될 수 있기 때문이다.

NCS로 내 꿈을 펼쳐라!

NCS, 불필요한 스펙을 없애고 실제 업무에 도움이 되는 능력을 가르쳐
개인의 꿈과 적성을 키워낼 수 있는 제도의 실시

LEVEL 3
LEVEL 2
LEVEL 1
특성화 고등학교

LEVEL 3
LEVEL 2
전문 대학교

LEVEL 3
4년제 대학교

처음 프로그램을 기획하면서 NCS의 개념을 이해하기 위해 찾아뵈었던 강순희 교수는 NCS가 인재혁명을 가능하게 할 것으로 생각하느냐는 질문에 대해 제작진에게 이렇게 이야기했다.

"그럼요, 저는 가히 혁명이 될 것이다 이렇게 봅니다.
우선은 그간 우리나라의 인력관리가 사람 중심, 직무 중심이 아니었거든요. 어떤 분야의 일을 얼마나 잘하나, 보다는 다른 것에 우선해서 인력관리 기준이 이뤄졌던 겁니다.
이게 이제 바뀌는 겁니다.
NCS 표준에 의해서 지각변동이 일어나고 있다고 봅니다.

앞으로 임금체계가 직무 중심대로 바뀔 수 있고요. 국가 전반적으로 그런 변화를 가져올 것이고 무엇보다도 취업하고자 하는 사람들의 마인드가 바뀌게 되겠죠."

- 강순희 교수(경기대학교 직업학과)와 인터뷰 중에서

나의 경력을 개발해 갈 명확한 방법이 존재한다면 거부할 사람이 누가 있겠는가.

또한 그것이 정부가 인증하는 방식이라면 더욱 좋을 것이다. 대학을 갈 수도 있지만 가지 않아도 상관없다. 그저 능력을 키워야 되겠다는 결론에 도달할 뿐이다.

처음으로 되돌아가서, 'NCS가 능력 중심의 사회를 만들 수 있느냐'는 질문에 일단은 '그렇다'라는 답을 얻었다. 우리 사회 전반에서 능력 중심으로 사회가 완전히 바뀌는 단초가 될 수 있다는 믿음으로 NCS를 개발하고 있다면, 그 작업을 응원해야 할 것이다.

남은 일은 이런 우리 모두의 염원을 담아 NCS가 제대로 개발되고, 적용되고, 활용되고, 확산될 수 있기를 바라는 일뿐이다.

나는
'나의 이야기'의
저자다

나는 마음만 먹으면 뭐든지 할 수 있다.
나는 산이라도 움직일 만큼 강해질 수 있다.
나는 목표를 세우고 그것을 달성할 수 있다.
내가 지금까지 한 일이 내 안에 있는 힘을 다 보여준 것은 아니다.

– 알랭 드 보통, 《일의 기쁨과 슬픔》 중에서

일하는 사람들의 모습이 이 시대의 아름다운 풍경화가 될 수 있을까. 사랑하는 사람들의 대화 속에 언제나 행복이 충만할까. 여행지에서 경험하는 낯설음이 늘 흥분될까. 우리는 모든 것에 완벽하게 집중하고 틈 없이 몰입할 수 있을까. 완벽한 기쁨은 있을까.

꿈꾸던 직업을 얻고 원하던 장소로 출근을 시작하지만 기쁨은 반갑게 찾아왔다가 순간의 슬픔을 주기도 한다. 완전한 압도는 찰나일 수 있다. 빛과 함께 어두움이 있다는 것을 알지만 그래도 다행스러운 것은 내일 아침이면 빛이 내 방을 가득 채워줄 것이기 때문이다.

알랭 드 보통Alain de Botton이 화물선 부두에서, 비스킷 공장에서, 박물관 전시장에서, 혹은 사무실에서 관찰한 '일하는 사람'의 이야기를 읽어나가면서 문득 그런 생각을 하게 된다. 삶의 많은 시간(어쩌면 삶의 대부분의 생각)을 차지하는 그것이 '일터'라고 한다면 그것을 선택할 때 얼마나 신중하고 고민해야 하는가.

책의 저자인 알랭 드 보통이 본 일하는 사람들은 그저 풍경의 이미지가 아니었다. 저자는 땀 흘리는 그들의 삶에 깊이 들어가 노동의 진정한 가치를 발견하려 했고 노동의 편견을 찾아내기도 했다. 그래서 그가 책을 통해 하는 말들은 힘이 있다. 생명이 있다.

일은 우리를 살게 하는 이유였다가 좌절하는 원인이 된다. 그런 의미에서 일의 기쁨과 슬픔은 평생 인간이 안고 갈 '아주 사적인 이야기'일 것이다. 그럼에도 그런 이야기를 쓰기 시작했다는 것이, 혹은 쓰고 있다는 것이 그렇지 못한 사람보다는 분명한 기쁨이라는 것을 안다.

우리는 모두 우리가 살아가는 자신의 이야기의 저자이고 주인공이며 기쁨의 주체다.
마음만 먹으면 뭐든지 할 수 있는 당신.
산이라도 움직일 만큼 강해질 수 있는 당신.
목표를 세우고 그것을 달성할 수 있는 당신.
지금까지 한 일이 당신 안에 있는 힘을 다 보여준 것이 아니라면 지금부터라도 힘을 꺼내어 보여주길 부탁하고 싶다.

세상의 잣대가 어떻고, 편견이 그래서라는 핑계보다는 그 어떤 순간에도 포기하지 않고 도전해서 자신의 능력을 세상에 보란 듯이 보여주는 당신이길 응원한다.

만약에 '능력 중심의 사회, 스펙 없는 세상'이 신기루라면 나와 독자들은 이제 어디를 향해 가고 무엇을 보아야 할까. 나도 두렵다. 하지만 불안과 좌절의 순간이 찾아올 때 바라보아야 할 것은 타인이 아닌 나이고 또 당신이라는 것을 우리는 안다.

제도를 만드는 것이 오차 없는 컴퓨터 프로그램이 아니라 실수 많은 '사람'이라는 것은 두려움의 이유이지만 그 '사람'들이 전혀 없던 것에서 무언가를 만들고 생산하고 지어내고 창조하는 존재라는 것에 희망을 둔다. 게다가 미래를 기대하며 시험하고 도전하는 이가 오늘의 '당신'이기 때문에 우리에게는 더 많은 희망이 있다.

나의 이야기는 여기서 끝이 났지만, 취업 준비를 하는 당신의 이야기는 아직 끝이 나지 않았으므로, 어쩌면 이제 서문 쓰기에 불과하므로, 이제라도 꿈을 향해 전진하는 본격적인 '당신의 직업과 일에 관한 자서전'이 쓰이길 바란다.

그리고 지금부터 아주 오랫동안 당신이 만들어가는 이야기의 독자가 되고 싶다.

NCS 인재혁명

초판 1쇄 발행 2016년 03월 17일

지은이 NCS 인재혁명 제작팀
펴낸이 이광재

경영총괄 이광훈
책임편집 김미라
디자인 이창주 **교정** 맹인호
마케터 이미정 **영업관리** 정상호

펴낸곳 카멜북스 **출판등록** 제311-2012-000068호
주소 경기도 고양시 덕양구 통일로 140 (동산동, 삼송테크노밸리) B동 442호
전화 02-3144-7113 **팩스** 02-374-8614 **이메일** camelbook@naver.com
홈페이지 www.camelbook.co.kr **페이스북** www.facebook.com/camelbooks

ISBN 978-89-98599-14-0 (03370)